JN218876

連帯ユニオン◉編

小谷野毅|葛西映子
安田浩一|里見和夫|永嶋靖久

旬報社

勤労者の団結する権利及び
団体交渉その他の団体行動をする権利は、
これを保障する。

日本国憲法　28条

こんにちは
新米組合員の
オンちゃんです
妻のユニちゃんです

会社が残業代を
払ってくれないので
労働組合員に
なったのですが
逮捕が続いて
不安になる今日この頃
みなさまはいかが
お過ごしですか…

ちょっと
オンちゃん！
また逮捕
だって
おわっ

3K
関生支部トップら4人逮捕
出荷業務妨害容疑　大阪府警
2018.11.21 18:26 | 3K WEST | できごと

…ねえホントに
こんな組合に
入ってて
大丈夫なの？
うわー
この写真
こわー
ギャピー

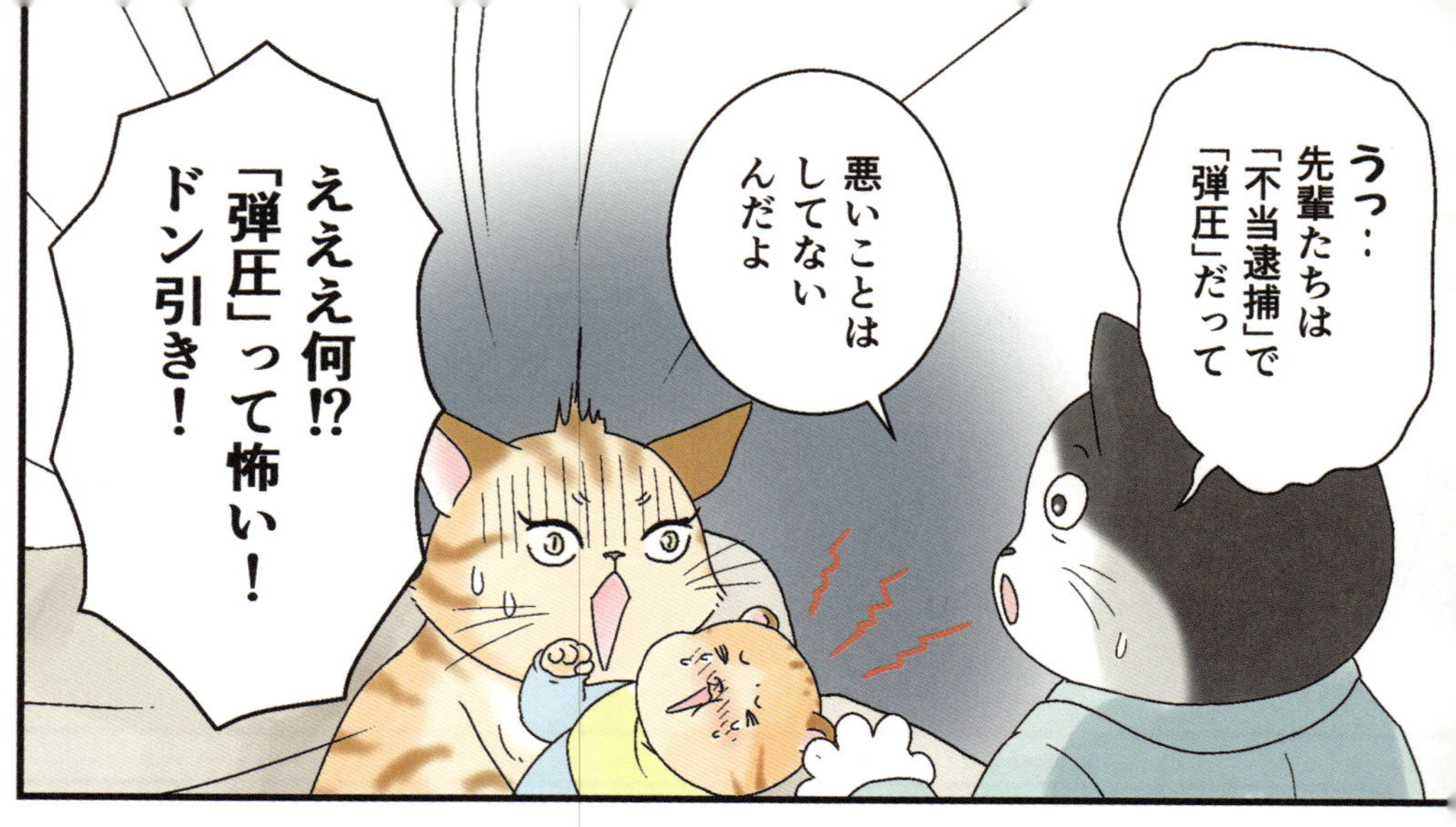
うっ…
先輩たちは
「不当逮捕」で
「弾圧」だって
悪いことは
してない
んだよ
えええ何!?
「弾圧」って怖い!
ドン引き!

火のないところに
煙はたたない
っていうし…
組合員やめたら?
え?
そんなの
だめだよ
今みんなで
争議中だし
仲間を
裏切れないよ

ゴーッ
なによ家族は
どうでもいいわけ!?

うう…うまく説明
できない…
助けて!
連帯パイセン!
連帯センパイ
それはごもっとも
説明するので
会いましょう

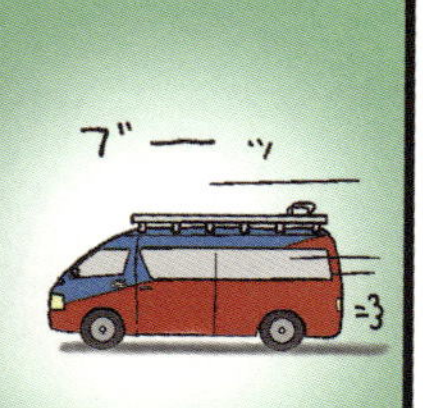
ブーーッ

あの…ぶっちゃけ「不当逮捕」ってどういうことなんですか？
ストライキやってる時に悪いことをしたから捕まってるんじゃないの？
いや「ストライキで捕まる」というのがそもそも誤解ですのでまず「労働基本権」の話をさせてもらいますね
「基本的人権の尊重」って聞いたことあるよね？それは「社会権」と言ってその中に「労働基本権」（労働三権）っていうのもあるんだ
人間らしく生きる権利
社会権
・生存権
・教育を受ける権利
・勤労の権利
・労働基本権（労働三権）
団結権…組合を作る権利
団体交渉権…労働組合が労働条件の改善を求めて、使用者と交渉する権利
団体行動権(争議権)…ストライキなどの団体行動をする権利
労働組合がやっているストライキや交渉などは憲法28条に基づく正当な権利なんだね
あ～…中3の公民でやった覚えが…
これこれ

ストライキや抗議行動など労働組合の活動は刑事罰に問われないはずなんだけど※
ストライキ決行中
※労働組合法１条2項
「正当な組合活動は
刑事罰の対象にしない」

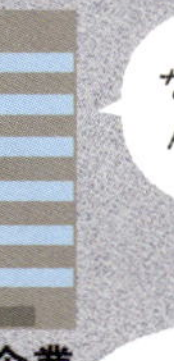

私腹を肥やしたい中小企業の協同組合理事たち（=協同組合クラッシャー）が警察と結託して
なるべく安く人を使いたーい！
大企業
約束したけど賃上げしたくね〜関生支部ジャマくさいワ〜
強い労働組合って色々とジャマやん…。
警察
協同組合クラッシャー
一部の理事グループ

【中小企業の組合】
大阪広域
生コンクリート協同組合
（大阪広域協組）
元は良好な労使関係だった。

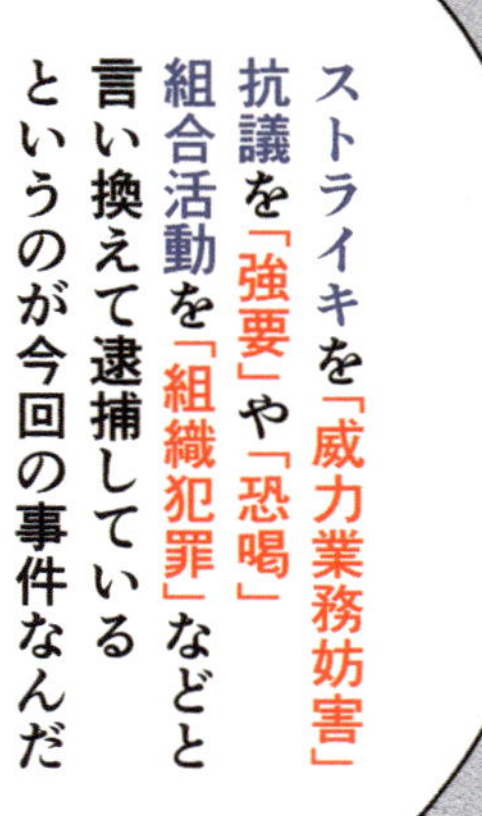

ストライキを「威力業務妨害」抗議を「強要」や「恐喝」組合活動を「組織犯罪」などと言い換えて逮捕しているというのが今回の事件なんだ

【労働者の組合】
関西地区生コン支部
（関生支部）
かんなましぶ
労働者の権利を守るため、賃上げの約束を守らせるためにストライキをしたらタイホされるって何なん!?

ストライキで捕まるのはおかしいことだっていうのはわかったけど何で警察は労働組合をどんどん逮捕できるの？

それは国家権力が労働組合の力を弱くさせたいというベースがあるからだね
いわゆる「弾圧」というもの

ひえ～…
「国家権力」とかって壮大な話すぎていまいち飲み込めない…

そうだよね
それにはここ最近のいきさつと労働組合の今までの活動の歴史を知る必要があるので振り返りながら解説しますね

労働組合の団体交渉その他の行為であって、
労働者の地位向上や労働条件向上などの
目的を達成するためにした正当なものについては
刑法第35条（正当な業務による行為は罰しない）を適用する。
（要旨）

労働組合法　1条2項

ストライキしたら逮捕されまくったけどそれってどうなの？（労働組合なのに…）

◉目次

第1章

醜悪な癒着

第4章 道は険(けわ)しくとも

さらに理解を深めるために

第1章

醜悪な癒着

レイシスト（差別者集団）の登場

それは一年前の正月、二〇一八年一月八日のできごとだった——。

JR大阪駅のヨドバシ梅田前は冷たい小雨が降っていた。正月気分が残る祝日の午後なのに人通りは少ない。

そこで奇妙な街頭宣伝（街宣）活動が始まろうとしていた。

集まってきたのは三〇人ほどの男女。歩道に簡易テントが張られ、メガホンがスタンドに置かれた。集団の真ん中で指図するコート姿の初老の男性は瀬戸弘幸氏。隣には、いがぐり頭に黒縁メガネの渡邊臥龍氏が立ち、濃紺の作業服の腰に両手を当てて、あたりを警戒するように見回している。ふたりとも関東が活動拠点の人物だが、関西からも荒巻靖彦氏、西村斉氏らが加わっている。いずれもヘイトスピーチや差別デモを主導してきた人物だ。

在日コリアンをはじめとするマイノリティの「追放」や「排除」を声高に叫び、街頭やネットで差別と憎悪を煽り立てる。それは社会犯罪にほかならない。市民の抗議運動や国連の勧告で、国会でヘイトスピーチ解消法が三年前の二〇一六年に成立した。だから以前ほど野放図にできなくなったものの、かれらの活動は執拗(しつよう)につづけられている。

この日はそうした面々が各地から集まってきたのだった。

寒々とした雨模様とあって、足を止める買い物客はほとんどいない。それでもかれらは代わるがわるマイクを握り、声を張り上げた。

「人種的にはあっちの人間もぎょうさんおる。反日の団体です。たんなる寄生虫！　ゴロツキ！　恐喝団体！」

かれらが決まって口にする言葉が、勢いよく飛び出す。「反日」のレッテルを貼り、激しい口調で非難を浴びせ、罵倒(ばとう)する。デマをもとに相手を攻撃し、貶(おとし)める。

だが、いつものヘイトスピーチと様子がちがって、いかにも奇妙だった。かれらが攻撃の対象にしたのは、在日コリアンではなくて労働組合だったからだ。

「組合というものは、働いている労働者と会社のため、社会のため、ひいては国のためにあるんじゃないですか？　それを、やっていることはなんですか！　企業ゴロですよ、企業ゴロ！」

かれらが矛先(ほこさき)を向けたのは、連帯ユニオンという労働組合だった。

連帯ユニオン――フルネームは「全日本建設運輸連帯労働組合」。短くした「連帯」の愛称で呼ばれることが多い。セメント、生コン、砂利などを建設現場に運ぶドライバーや、クレーンなど重機のオ

ペレーターたちが加入する全国規模の労働組合だ。

関西には連帯ユニオンの生コン支部がある。正確にいうと関西地区生コン支部で、「関生支部（かんなましぶ）」と略して呼ばれることが多い。連帯ユニオンの中心的組織で、大阪、兵庫、京都、滋賀、奈良、和歌山の近畿二府四県に活動は広がる。組合員がいる職場の数は二〇〇か所もある。

日本の労働組合のほとんどは企業別につくられているが、関生支部は企業横断的に組織されている。どの企業に所属していても関生支部というひとつの労働組合の組合員であり仲間だという特徴がある。賃金や労働条件も業界全体の統一条件、つまり、どの職場にいても、生コン労働者なら同じ労働条件で働くことを要求している。それを迫るだけの団結力と行動力をもっている。

毎年三月の自動車パレードはその典型だ。組合員が運転する二五〇台もの大型生コン車が整然と隊列を組んで大阪市内の繁華街を走り抜ける。春闘勝利を訴えるだけではなく、沖縄の辺野古（へのこ）新基地建設反対や戦争法反対、脱原発などを沿道の市民にダイナミックにアピールする。関生支部の運動と組織に対する社会的信頼と評価は高い。

その関生支部が、どうしてヘイトスピーチで悪名をはせてきた差別者集団の標的とされたのか。

瀬戸氏や「在日特権を許さない市民の会」（在特会（ざいとっかい））が執拗に攻撃してきたのは、在日コリアン、被差別部落、障がい者といった社会的マイノリティであり、そして最近、集中砲火を浴びせてきたのが沖縄だ。その延長線上に労働組合が唐突に現れてくるのは、なんとも解（げ）せない。かれらの活動と連帯ユニオンとが交わる接点も見当たらない。

「いまどきストライキですよ、みなさん！　きょうび、ストライキなんか聞いたことありますか？」

ストライキのなんたるかを、かれらが知るはずがなかろう。だが、話はこうつづけられた。

「関係者に問い質（ただ）したところ、驚くべきことに、いままでもらっていた金を止められたために、その金をまた寄こせと。こういうゼネストだったんですね」

長くなるので要約すると――。

連帯ユニオンは企業から多額の資金を不法に吸い上げている。武（たけ）という男がそれをかすめ取って懐（ふところ）に入れている。その闇資金は一〇年間で三〇億円にものぼる。前年のストライキもその闇資金のためだった。闇資金は沖縄の反基地運動や反米運動といった日本社会を破壊するようなことにも注ぎ込まれている。

かれらが入れ替わり立ち替わり語ったのは、そんな内容だった。ちなみに「武」というのは、関生支部の武建一(たけけんいち)委員長のことを指している。多額の資金を吸い上げている、武という男がそれを懐に入れているなどが、まったくの事実無根のデマだということはいうまでもない。

周囲には、お決まりの日章旗や旭日旗にまじって、「不正な金の流れ」「不正蓄財(ちくざい)の疑惑」などと書かれたノボリが立ち並び、瀬戸氏が主幹を務める『中央通信』と題する新聞も配布された。

「告発！　タカリのプロ集団『連帯ユニオン』関西地区生コン支部の威力業務妨害事件」

「労働争議を騙(かた)って私腹を肥やすゴロツキの〝労組マフィア〟」

毒々しい表現の大見出しがやたらと強調されるこの新聞、ザラ紙に印刷されていて、文字はかすれている。お世辞にも見栄えが良いとは言えない。差し出されても、ふつうのひとは手を引っ込めてしまうだろう。

けれども、いかがわしい紙面の作り方には意味があるようだ。新聞そのものも胡散(うさん)くさいが、その紙面で攻撃されている連帯ユニオンにも、事実はどうあれ、なにかしら問題があるんだろうなと思わせる効果があるからだ。

だが、どうにも腑に落ちない話だ。そもそも関生支部と無関係なかれらが、なぜしたり顔で怪(あや)しげな闇資金などと言い出したのか。「関係者を問い質した」というが、関係者って、いったいだれなのか。

「全面的に応援」

奇妙といえば、もうひとつ奇妙な光景がヨドバシ梅田前にあった。スーツ姿の七、八人の男たちの姿だ。

薄ら笑いを浮かべて演説に聞き入る様子からみて、監視のために来た私服の公安警察ではない。瀬戸氏の新聞を何枚も手にした男もいるが、ヘイトスピーチ目当ての常連には見えない。

「あんなの組合の名を借りた、ただのゴロツキじゃないですか、みなさん！」

そんなセリフに男たちは満足そうにうなずく。

「連帯ユニオン生コン支部を叩き出そう！　武を日本から追放するぞ！」

そんな絶叫を聞くと、男たちは興奮を抑えきれないのか、おたがいの顔を見合わせた。

だれも注目しない街宣に異常に反応する男たち。かれらは、「大阪広域生コンクリート協同組合」、略して「大阪広域協組（おおさかこういききょうそ）」と呼ばれる生コン業者団体の幹部だった。理事長の木村貴洋（きむらたかひろ）氏、副理事長の地神秀治（ちがみしゅうじ）、大山正芳（おおやままさよし）、矢倉完治（やぐらかんじ）の各氏。ほかにも数人の理事がいた。

業者団体ということは、つまり、経済活動を目的にした経営者たちの団体ということだ。その業者団体の幹部が顔を揃え、うれしそうに瀬戸氏らの街宣に聞き入っていたのである。

かれらはじつは、たまたまその場に居合わせていたのでもなければ、たんなる聴衆として聞き入っていたわけでもない。三日前の一月五日には、木村理事長の名前で、瀬戸氏らがヨドバシ梅田前でおこなう街宣を支援するので積極的に参加するようにと促す指示文書を加盟全社に出していた。

生コン業界がそんな突飛な行動に出るきっかけとなったのは、前年の二〇一七年一二月、関生支部が決行したストライキだった。労働組合がストライキを打つのはごく当たり前のことなのに、大阪広域協組はこのストライキを強く非難。それまでの労使関係に終止符を打つと宣言して、全面対決姿勢をあらわにしていたのだった。

木村理事長がその理由を説明した「新春の挨拶」が大阪広域協組のホームページに掲載されている。それによれば、大阪広域協組とその加盟企業は関生支部の「恐喝や恫喝で泣かされ、解決金という名目で金銭を脅し取られて来ました」。そればかりか、「武建一の私利私欲の為だけに打ち出された政策に巻き込まれ組織運営・人間関係を苦しめられています」。

だから、と木村理事長は宣言している。「当協同組合も我慢に我慢を重ねてまいりましたが、昨年一二月一二日に起こったストライキと称する威力業務妨害を機に、時代にそぐわぬものは淘汰するべきとの思いから、問題打開に向けて立ち上がりました」。

「恐喝」「恫喝」「金銭を脅し取る」——おどろおどろしいこれらの表現は、瀬戸氏らが街宣で口にした言葉とうりふたつだ。

瀬戸氏の新聞が書いていた「たかりのプロ集団」「労組マフィア」というのはこのことなのか、そうだとしたら関生支部は労働組合を名乗ってはいるものの、いかにもひどい組織なんだなと思えてくる。

つまり、瀬戸氏がいうところの「関係者」とは大阪広域協組のことであり、大阪広域協組から聞き込んだ話をもとに、瀬戸氏らはこの日の街宣活動を実行したということなのだ。

街宣に聞き入っていた木村理事長たちが満面の笑みを浮かべていたのは、かれらが言いたかったことをヘイトスピーチの集団がそっくりそのままスピーカーを使って街頭で絶叫してくれたからだろう。さらにいえば、瀬戸氏らを使って自分たちの言い分を代弁させることに成功した。その満足感が木村理事長らをとらえていたのだ。

瀬戸氏はこんな風にも言った。

「武建一、これ、ダニのような男です。カビですね。暗いジメジメしたところで増殖している」

根も葉もないことがらを、さも実際にあったことのように言いつのり、相手の人格を徹底的に貶める。ヘイトスピーチをくりかえしてきた人物ならではの物言いだが、木村理事長らにとっては痺れるぐらいに心地よく響くセリフだったにちがいない。

しかし、それは市民にとっては奇妙というよりも異様な光景であったろう。

街宣から一夜明けた一月九日、大阪広域協組のホームページにはこう書かれた。

「私たち協同組合の関係者も、瀬戸弘幸氏及び関係者の皆様による力強い言葉に感銘を受けました」

「今後も、瀬戸氏の活動を全面的に応援していく所存です」

瀬戸氏は「ネオナチ」あるいは「レイシスト」と批判されてきた。人類史上最悪の犯罪と指弾されるユダヤ人虐殺を実行したナチスの総統ヒトラーを礼賛し、長年にわたって在日外国人排斥（はいせき）運動をつづけてきた人物だからだ。その「瀬戸氏の活動を全面的に応援していく」と公言してはばからない。それだけでも異様だ。

だが、事態はその後さらに異様な展開をみせる。

和歌山理事会乱入事件

一月一三日、「宣伝カーが仕上がった」と瀬戸氏がブログに書いた。

一月一六日、レイシスト集団がその宣伝カーに乗って大阪市役所前にあらわれた。選挙戦さながらの看板をルーフ上の前後左右にしつらえた大型宣伝カー。ひとしきりマイクを使って演説したあと、大阪市内の繁華街を走らせて、「恫喝」「たかりの集団」「不正な金」を連呼した。

宣伝カーを乗り回した街宣活動は、のちに大阪府高槻市内にある辻元清美衆議院議員（立憲民主党）の事務所をはじめ、奈良、京都など近畿地方の各地に広がっていく。これに合わせてネット上にはＹｏｕＴｕｂｅやブログを使った連帯ユニオンの誹謗中傷（ひぼうちゅうしょう）が連日のように流されるようになる。

一月一七日、最初の事件がおきた。

この日、和歌山県の生コン業者団体（和歌山県生コンクリート協同組合連合会）は、中西正人理事長ら理事が集まって、和歌山市内の会館で理事会を開いていた。そこに木村理事長のほか大阪広域協組の一部の役員、そして和歌山県の前理事長、丸山克也（まるやまかつや）氏が押しかけてきたのである。事前連絡はなかった。なにごとかと驚く中西理事長や理事たちに、木村理事長らは「連帯と手を切れ」と詰め寄った。さらに「手を切らないなら、和歌山で大阪の生コンを安売りするぞ」とすごんでみせた。

外では宣伝カーで乗りつけた三〇人ほどのレイシストの集団が会館を取り囲み、大音量でがなり立てた。「関西生コン労働組合と手を切れ！」

木村理事長たちはレイシスト集団をひきつれて来たのだった。

木村理事長たちの大阪広域協組は大阪の生コン業者の団体。会議を開いていた中西理事長らは和歌山の生コン業者の団体。同じ業界とはいえ、それぞれの団体に加盟する企業も異なれば、当然だが運営も別々。事業活動エリアも大阪と和歌山ではまったく別だ。上下関係があるわけでもない。

それなのに、いきなり理事会に押しかけたのである。戦国時代の国盗り物語でもあるまいに、さあ、おれたちの言うとおりにしろ、従わなければお前たちの城を乗っ取るぞと息巻いたのである。内政干渉を通り越した乱暴狼藉(ろうぜき)というほかない。

近畿地方には生コン業者団体が二五団体ある。その規模は地域によってまちまちだが、加盟業者数が一〇社前後というのが一般的だが、大阪広域協組の加盟業者は一六四社もある。和歌山は県全体の生コン出荷量が年間一一〇万リューベ(注)、売上高は一六〇億円前後だが、大阪広域協組は六六〇万リューベ、売上高九九〇億円と群を抜いて大きい。経済力には大人と子どもほどの差がある。

協同組合のあいだには互いの営業エリアは侵さないという申し合わせが通常あるが、腕まくりした大阪広域協組が安売りを武器に乗り込んできたら、和歌山はひとたまりもない。安定していた和歌山の業界が大混乱に陥り、大阪広域協組に呑みこまれてしまうのは火を見るよりあきらかだ。

近畿地方一円の生コン協同組合は、関生支部と政策的な協力関係を築いて業界改革をすすめてきた。なかでも和歌山は近畿地方全体のモデル地域のひとつだった。協同組合の組織率も上がり、ゼネコンに買いたたかれて下落一方だった生コン販売価格は目に見えて改善されたからだ。粗悪な欠陥生コンの流通をはじめとする脱法行為が減ったのも、この労使の協力関係の成果といっていい。

ところがこの年、丸山克也氏が理事長職でありながら和歌山広域協組を名乗って生コンの安売りに手をだして理事長を解任される事件がおきていた。

大阪広域協組が目をつけたのは、この丸山前理事長だった。丸山前理事長と組んで、連帯ユニオンと協力関係をもつ中西理事長を追い落とす。そして、大阪につづいて和歌山からも連帯ユニオンを排除して、和歌山の生コン業界を大阪広域協組の影響下に置きたい。そして、それがうまくいけば、次は京都、さらには奈良を攻略して近畿地方全域を思うがままにしたい。

それが木村理事長ら大阪広域協組の執行部の目的だった。

さて、一七日の理事会の話に戻ろう。木村理事長らの乱入で会議どころではなくなり、結局この日の会議は流会とせざるをえなくなった。しかし、木村理事長らの異様な行動はこの日で終わらなかった。

翌一八、一九日と連続して、レイシスト集団は宣伝カーとマイクロバスを連ねて県下の協同組合や生コン工場に押しかけ、「連帯ユニオンはタカリの集団」「武と手を切れ」と大音量で街宣活動をおこなった。さらに、中西理事長の自宅周辺には、中西理事長を名指しで誹謗中傷するビラを配布したのである。

〈注〉生コンの販売単位は重さではなく容積。リューベは一立方メートル（㎥）。

組合事務所襲撃

一月二二日、さらに衝撃的な事件がおきた。

瀬戸氏らレイシスト集団と木村理事長らが、関生支部の組合会館を襲撃したのである。

かれらはこの日も午前中、和歌山県で各地の協同組合や生コン工場に押しかけた。その帰り道の午後一時頃、大阪市内の安治川沿いにあるユニオン会館前にかれらはあらわれた。大型宣伝カー一台、マイクロバス一台、そのあとから木村理事長らが乗った高級乗用車が次々に到着した。

この日も小雨まじりの天気だったが、宣伝カーから降りてきた二〇人ほどの集団は、のぼり旗を立てて素早く会館前に整列した。濃紺の戦闘服風の服装、マスクや目出し帽で顔を隠した異様な風体の男たち、女たちだった。

まず先頭の渡邉臥龍氏がインターホンも鳴らさず玄関を通り抜け事務所に入り込んできた。事務所にいた組合員は無断立ち入りを注意し、外に出した。だが、渡邉氏はなお会館入口の踊り場から事務所に押し入ろうとする。組合員三人は渡邉氏を制止した。すると渡邉氏はハンドマイクでわめきながら、ひとりの組合員の顔面を殴打した。組合員のメガネがふっ飛び、渡邉氏の背後から、さらに五、六

人の男たちが怒声をあげて突進してきた。

「だまれ、おらァー、ぶっ殺すぞ！」

「親方を出せよ！」

「団体交渉に来てんだ。武建一に会わせろや！」

男たちは玄関から押し入り、踊り場に殺到した。会館前で整列していた者たちも、いっせいに意味不明の罵声（ばせい）をあげた。

三人の組合員は負けずに言い返した。

「おまえらと話すことなんかあるか！」

強引に事務所に乱入しようとする渡邊氏らを制止していると、おもむろに瀬戸氏がカーキ色のジャンパー姿であらわれた。

組合員「なにしに来た。おまえら関係ないやろ」

瀬戸氏「関係あるんだよ」

組合員「銭（ゼニ）、もろうてるからか？」

そう言われた瀬戸氏は、きまり悪そうにくるりと背を向けて引き下がった。

木村理事長らはそんな緊迫したやりとりのあいだ、ずっと会館前でレイシスト集団の行動を見守っていた。副理事長の地神、大山、矢倉の各氏、そして数人の理事たち。ヨドバシ梅田前の街宣にいたのと同じ面々だ。

かれらは襲撃した集団から少しだけ離れた場所で、ビニール傘をさしてニタニタと笑い、ガムを噛(か)みながら、自らは手を汚さず、一部始終を楽しむかのように眺めていた。渡邊氏らが「武に会わせろよ！」と罵声を浴びせると、うれしそうになにかを囁(ささや)きあう。

「ゴミー、ひっこめ！」地神副理事長はこらえきれずにヤジを飛ばした。

「ひっこめー、チンピラ！」大山副理事長も調子を合わせる。

木村理事長らはレイシスト集団と一体であることを隠そうともしない。ビデオカメラをかまえて乱入を図り、「殺すぞ！」と怒声を浴びせた最先頭のひとりも大阪広域協組の職員だった。

やがて現場にかけつけた警察になだめられた渡邊氏らはのぼり旗をしまい、引き揚げていった。木村理事長らもそれぞれの乗用車に乗り込み、意気揚々と引き揚げた。

渡邊氏に殴打された組合員は、頸椎捻挫(けいついねんざ)、顔面打撲など全治二週間のケガを負わされ、むち打ち症状がつづいた。

「たたき割るぞ！」

木村理事長ら大阪広域協組幹部とレイシスト集団の蛮行（ばんこう）はさらにつづいた。

一月二五日、関生支部の組合員たちが、前年の夏から労働争議がつづく和歌山の生コン工場に抗議行動にでかけた。行動を終えて日高郡由良（ゆら）町のコンビニの駐車場に宣伝カーを停めて休憩していたところ、大阪広域協組幹部とレイシストの一群がこの日も宣伝カーやマイクロバスを連ねて通りかかった。

組合の宣伝カーを目にしたかれらは急ハンドルを切って駐車場に進入し、車両を組合の宣伝カーのフロント間近に停めて進路を塞いだ。組合員は監禁状態にされて身動きできない。駐車場には、さらにマイクロバスが入ってくる。後を追って大阪広域協組幹部らの高級乗用車も続々と入ってきて、木村理事長、地神、大山、矢倉の三副理事長、そして、丸山前和歌山理事長らが降りてくる。

総勢三〇人近い集団は組合の宣伝カーを取り囲んで怒声を浴びせた。勢いづく渡邊臥龍氏はマイクを握って絶叫し、有頂天になって組合の宣伝カーの屋根によじ登った。そして、組合をあざ笑うかのごとく、おどけて尻を突き出し、左右に振りながら平手で叩くという狂態を演じてみせた。

大山副理事長も宣伝カーの横にやってきて、窓ガラスを荒々しくなんども叩き付け、わめき散らした。

「降りてこんかい、こらァ〜!」「出てきへんのやったら、たたき割るぞ!」

その形相は、会社の経営者や業者団体幹部のものとは到底思えぬものだった。

この異常な事態にコンビニの店員が一一〇番通報したのだろう、しばらくして大勢の警察官がかけつけてきて、集団を宣伝カーから引き離そうと試みた。ところが大山副理事長は、正面の警察官を突き飛ばしたうえ、慌てて制止する両脇の警察官たちも振り払って暴れつづけたのだった。それに刺激されたのか、丸山元理事長も警察官に食ってかかり、もみ合いになった。

この日、組合員たちが無事に帰路につくことができたのは、それから一時間後のことだった。

「高い給料払ってやるよ」

労働組合のピケットに右翼暴力団が殴り込みをかけたり、会社に雇われた「ガードマン」を名乗る男たちが職場の組合員に暴力をふるう。そして、その混乱に乗じて警察が組合員を逮捕する――。先鋭化（せんえいか）した労働争議の現場では、そんな事件が戦前も戦後もくりかえされてきた。しかし、かれらの依頼主が事件の現場に立ち現れるなどという話は聞いたことがない。

ところが大阪広域協組の幹部たちは臆面もなく現場に姿を現し、レイシストと手を組んだことを隠そうともしない。そのふるまいは、まさに異様だ。

こうした事態に深刻な危機感をもつジャーナリスト、作家、学者、弁護士ら三一人が、のちに抗議声明を発表することになるが、その抗議声明は、協同組合とレイシスト集団の結託を指して「醜悪（しゅうあく）な癒着（ゆちゃく）」と表現した。

たしかにそのとおり。協同組合はほんらい、中小企業が大企業に対抗するための組織だ。「相互扶助（そうごふじょ）」の精神と理念にもとづき、法律上の保護も受けて組織される事業者団体であり、社会や経済の民主化の担い手として期待されている。

これに対し、レイシスト集団は、人種、民族、障がいなどの属性（ぞくせい）を理由に、社会的マイノリティに対するいわれなき差別と憎悪と暴力を煽り立て、社会を分断し、破壊する。世界各国で、その言動は社会犯罪と指弾（しだん）され、法規制の対象とされているのである。

その異質な両者の結託（けったく）は、まさに「醜悪な癒着」というほかない。

この醜悪な癒着を、関西という特定の地域、しかも生コンという小さな業界でおきた特異な事件として片付けるわけにはいかない。

「かれら（レイシスト集団）は治安対象なんだよ。大阪広域協組は、どうしてそんな連中とくっついたんだ？」

ある警察関係者は、うめくようにそう言った。

レイシスト集団が宣伝カーを乗り回して和歌山県のあちこちの生コン工場に出没しはじめたある日、行動隊長格の渡邊臥龍氏が関生支部の組合員に向かって、鼻息荒くこんな風に〝説得〟を試みたことがあった。

「いくらもらってんの？　君たち。それより高い給料払ってやろうか？　仕事でやってんだったら、こっちに来ないか？　迎え入れてやるよ」

労働組合の組合員も金をもらって組合活動をしていると渡邊氏は考えているようだが、むろんそんな組合員などいない。しかし、自分たちがそうだから組合員もそうにちがいないと思い込んでいるのだろう。渡邊氏は、「高い給料」が口からでまかせではない、おれの話しはホントだぜといいたげに、自分たちは大阪広域協組の資金を自由に使えるのだとも言い放った。

一時期はやりたい放題だったレイシスト集団だが、ヘイトスピーチ解消法の制定、そして民事・刑事裁判でのあいつぐ敗訴、高額の損害賠償の支払い命令などで、あきらかに活動の場は狭まりつつある。まさにそのとき、かつてない有力なスポンサーが出現した。渡邊氏の言いぐさはそうした高揚感のあらわれにほかならない。

レイシスト集団は実際に、〝快進撃〟だった一月の余勢をかって、二月には奈良県にも打って出た。エム・ケイ運輸という大和郡山市にある長距離便の貨物トラック輸送会社。ここでは関生支部とは別組織だが、連帯ユニオン近畿地区トラック支部の運転手たちが一年越しでストライキ闘争をたたかっていた。

六年前に組合を結成したが、会社は元暴力団員を使って分会長を脅すなどの組合つぶしを重ねた。そのあげく、二〇一六年一一月には分会長が仕事帰りの会社の駐車場で暴漢たちに襲撃され、全治二か月の大けがを負わされる事件がおきている。会社の関与が強く疑われるその事件の真相解明と責任を追及する抗議ストだ。

そのスト現場を二〇人ほどのレイシスト集団が襲ったのである。そして、ストと争議をつぶせはしなかったものの、その手腕を買われた瀬戸氏は、のちにエム・ケイ運輸の取締役に就任するのである。

第2章

協同組合クラッシャー

何で
労働組合と協同組合が
対立してるの？

輸送ゼネスト

二〇一七年一二月一二日、連帯ユニオン関生支部と全港湾大阪支部は、近畿地方一円で無期限ストライキにふみ切った。それがことのおこりだ。

このストライキ、組合側が要求したのは二点。第一にセメント輸送や生コン輸送の運賃を約束どおり引き上げること、第二に大阪広域協組の組織運営を民主化することだった。

ストライキの対象は近畿地方全域のセメント出荷基地と生コン工場。生コン車一〇〇〇台、バラセメント車五〇〇台という、かつてない規模の地域ゼネストである。

これに対し、滋賀、京都、奈良、和歌山などの生コン協同組合や、バラセメント輸送協同組合、生コン輸送協同組合などの輸送関連業者団体は、要求を大筋で受け入れると一二月一六日までに回答した。

ところが、大阪広域協組は回答を示しもしなかった。回答を出す代わりに大阪広域協組はストライキを威力業務妨害だと非難し、「連帯ユニオン関生支部を業界から一掃する」と居丈高（いたけだか）に言い放った。そして年が明けるとレイシスト集団と手を組んで大立ち回りを開始したのは前章で見たとおりである。

ストライキはだれもが知るとおり、労働者の権利だ。憲法二八条は労働者の団結権、団体交渉権、団体行動権、いわゆる労働三権を保障するとしている。そして労働組合法は、ストライキをはじめとする労働組合の団体行動権の行使は刑事罰の対象としないと明記している。非難されるいわれなどない。まして、組合側の要求はひとことでいえば「約束を守れ」ということである。

それにもかかわらず、約束した運賃引き上げをどうするのかについてまったくふれもせず、ストライキは威力業務妨害だと言い換える。声高にそう叫び、レイシスト集団にＹｏｕＴｕｂｅやブログを使ったデマ宣伝をくりかえさせることで、逆に、組合から不当な金銭要求を突き付けられ、恫喝（どうかつ）された被害者であるかのようにふるまっていくのである。

約束を守れと要求する労働組合側が悪者で、約束をふみにじった大阪広域協組が正義であるかのように仕立て上げられたストーリー。それが架空のものであり、いかに欺瞞（ぎまん）に満ちたものであるかは、このストライキで組合側がなにを要求したのか、どうしてストライキに打って出たのかを検証すれば明確になるだろう。

そのためにまずは、生コンとはなにか、生コン業界特有の「協同組合」という事業者団体がどのようなものなのか、また大阪広域協組という協同組合と労働組合との関係がどのようなものであったのか、問題の理解に最低限必要なことがらを順を追ってみておくことにしよう。

生コンって、なんだ？

生コンは「生コンクリート」の略語だ。住宅やマンションをはじめ、河川改修、鉄道、道路、ダムなど、ほぼすべての建設工事で使われる。

セメントと混同されることが多いが、セメントは粉末状の原材料のことで、生コンはそのセメントに砂利などを混ぜて泥状になった製品のことだ。両者は別物で、製造業者も異なる。セメントメーカーは、浅野、三菱、住友といった旧財閥系の大企業メーカーで、鉱山から採掘した石灰岩を巨大な工場設備で粉砕、焼結（しょうけつ）して生産している。他方の生コン業者は全国各地に三三〇〇工場もあるが、その九九パーセントが労働者数三〇人未満の中小企業だ。

むかしは建設会社がセメントなどの材料を自分で仕入れ、自前の簡易ミキサーを使って建設現場で生コンをつくっていた。戸建て住宅の建築現場で見かけたひとも多いだろう。職人さんがバットでセメントを練り混ぜる作業風景——あれだ。

しかし、このような手工業的なやりかたでは時間と手間がかかる。そこで戦後復興期の一九五〇年代、セメントメーカーが欧米から工場生産方式を導入して生コン工場をつくった。これが生コン業界

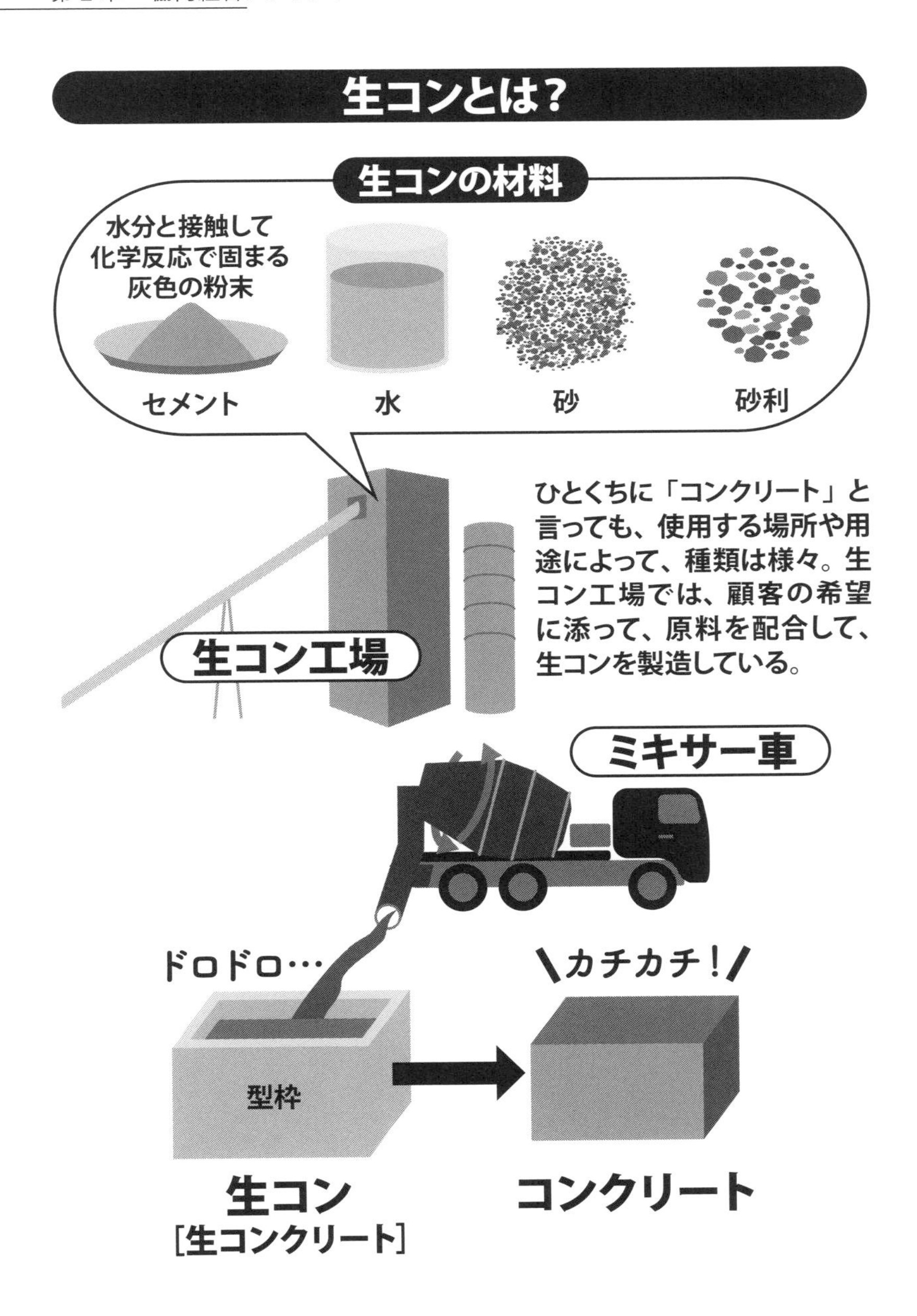
生コンとは？
生コンの材料
水分と接触して
化学反応で固まる
灰色の粉末
セメント
水
砂
砂利
ひとくちに「コンクリート」と
言っても、使用する場所や用
途によって、種類は様々。生
コン工場では、顧客の希望
に添って、原料を配合して、
生コンを製造している。
生コン工場
ミキサー車
ドロドロ…
型枠
＼カチカチ！／
生コン
[生コンクリート]
コンクリート

のはじまりだ。

バッチャーとよばれる大きな釜のような設備に、セメント、砂、砂利、水、薬液を投入して練り混ぜる。これで生コンクリート、つまりできたてのコンクリートができあがる。カップ麺にお湯を注いだばかりの状態といえばいいだろうか。これを独特な形のドラムを搭載したミキサー車に積み込む。生コンは化学反応をおこして発熱しながら九〇分ほどで固まりだすので、品質を維持するためにゆっくり回転させながら運ぶ。建設現場に着いたらちょうど食べ頃になった生コンを型枠に流し込む。

生コンは半製品なので、ミキサー車で運搬する過程をＪＩＳ（日本工業規格）は工場の製造工程の一部に位置づけている。型枠のなかで固まってコンクリートになった段階で商品価値が生まれる。


この工場生産方式のおかげで大量生産が可能になり、建設現場も手間とコストが省けるようになった。セメントメーカーにとって生コン工場は、自社のセメントを売り込む営業手段、もしくはサービス部門という位置を占めるようになる。

初期の生コン工場はセメントメーカーの子会社がほとんどだったが、一九六〇年代になると町の建材店や販売店が続々と参入。どのセメントメーカーもこれら中小企業を自社製品のいわば売り子として手取り足取り育てた。いまでいえばコンビニの出店競争と似ているともいえようか。各メーカーが他社より少しでも多くセメントを売ろうとして、全国各地に競い合って系列工場を増やした。

こうしてセメントメーカーの販売拡張競争の手段として利用されたことから、一九七〇年代には生

生コン工場数の推移

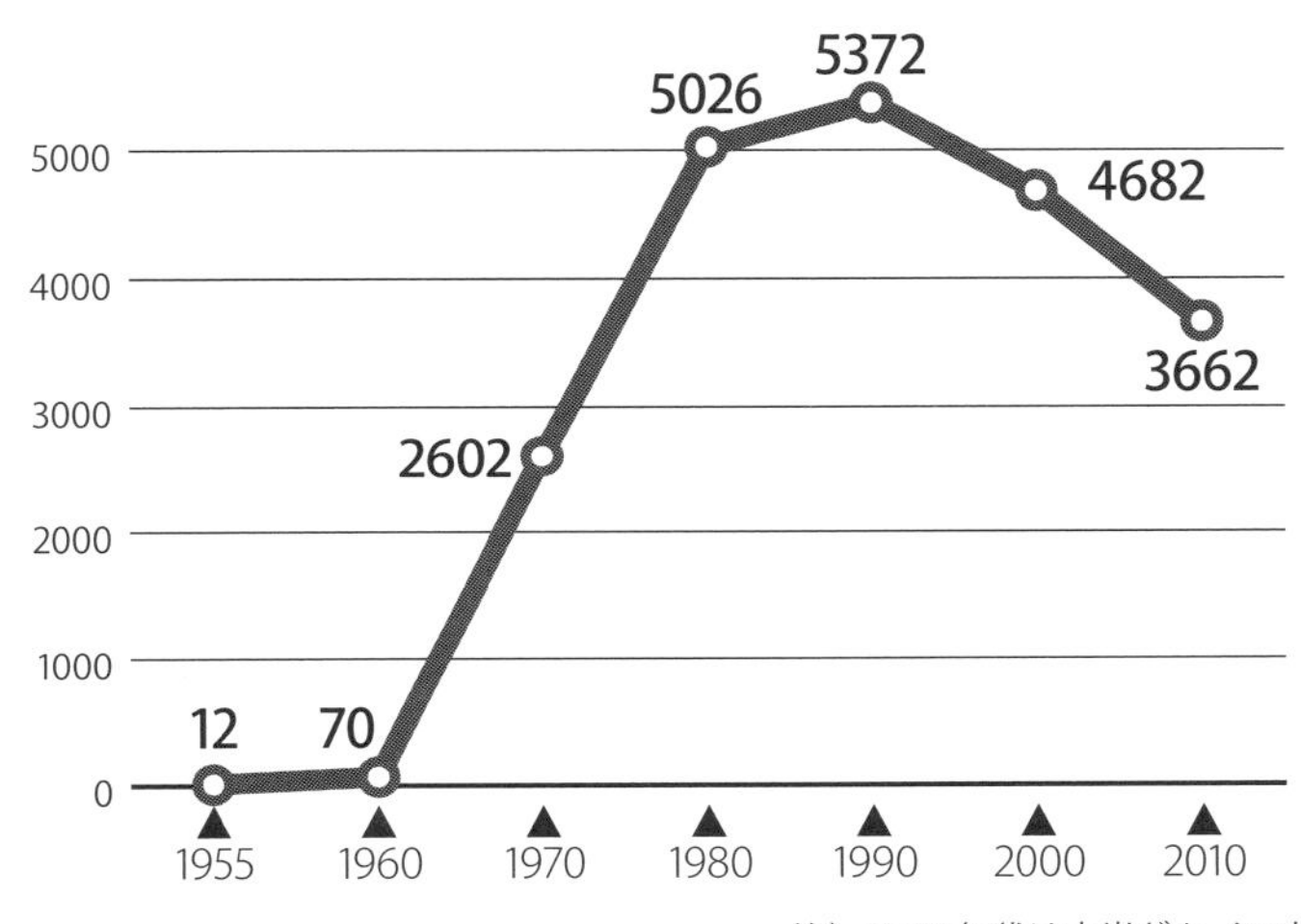

注）1950 年代は大半がセメントの子会社

コン業界は需要を大幅に上回る工場が乱立して供給過多構造に陥った。現在でも工場の平均稼働率二〇パーセント以下という他産業ではありえない実態がつづいている。しかも半製品だから、ほかの産業の製品のようにつくり置きしておくことができない。注文を受けてから製造する受注産業なので、販売先のゼネコンから「生コン屋」と見下され、いいように買いたたかれる。

一九七〇年代、高度経済成長が二度のオイルショックで終わり、不況が生コン業界を直撃した。目先の仕事を奪い合って、採算度外視の安売り競争がくりひろげられ、工場の休業や倒産、労働者の労働条件切り下げ、失業が続出した。泣かされるのはつねに中小企業と労働者だ。

それだけではない。安売り競争の最終的なツケは消費者に回ってくる。手抜きや粗悪な原材料を使った品質不良生コンはコンクリートの寿命を縮め、ひび割れによる雨漏りや傾斜など欠陥住宅の原因になるからだ。一九七五年には、都内で建設中の都市銀行事務センターの大型工事で生コンの強度不足が発覚。工事がやり直しに追い込まれ、国会で取り沙汰される事件もおきた。

協同組合って、なに？

中小企業で成り立つこの業界は、これ以降、ゼネコンとセメントメーカーという大企業の狭間で絶えず翻弄され、過当競争がもたらすひずみに悩まされつづける。

労働組合にとっては、こうした構造的問題をかかえる生コン業界では個別の企業内活動では雇用安定も労働条件向上も実現できない。そこで関生支部は、企業ごとの団体交渉ではなく、業界とのあいだで企業横断的な業種別労働条件を決定する集団交渉にとりくんできた。労働コストを平準化し企業間競争を抑制するしくみをつくり上げることをめざしたのだ。

もうひとつ、産業政策運動にだれよりも積極的にとりくんできたのも関生支部の運動の大きな特徴だ。中小の生コン業者がゼネコンやセメントメーカーと対等な取引条件を実現するためにはどのような政策が必要か。過当競争を生み出す供給過多構造を改善して適正生産規模を実現するにはどのような政策が必要か。そういった産業民主化と生コン業者の自立をめざす政策が集団交渉や労使による各種専門委員会で協議されてきた（そのあゆみと成果についてはのちに第４章でくわしく述べる）。

その産業政策の核心は、競争しあっている（ゼネコンとセメントメーカーによって競争させられ、収奪されている）生コン業者を協同組合に組織化し、機能させることにある。中小企業と労働組合が連携して協同組合を強化することで、適正な価格と品質で生コンを販売するしくみをつくるということだ。いいかえれば大企業の収奪（しゅうだつ）政策と対抗する業界につくりかえることによって、中小企業の経営安定、労働者の雇用安定、消費者にとっての品質確保を実現することを一体的に追求する運動ということになる。

協同組合というと一般的に思い浮かぶのは生協や農協だろうが、生コン協同組合（生コン協組）は会社法人で組織する団体で、生コンの共同受注・共同販売が中心的な事業活動となっている。すなわち、生コン協組に加盟する個別企業は営業活動をおこなわず、生コン協組が一括して営業窓口になり、生コン協組が決めた価格で生コンを販売する。これによってゼネコンからの買いたたきを防ぎ、採算がとれる価格で売るしくみを確保するのである。価格カルテルは独占禁止法が禁じているが、中小企業等協同組合法で協同組合については適用除外とされていて、大企業から中小企業を保護する役割をはたしている。

この生コン協組は、一九七〇年代初頭にオイルショックで業界がまるごとつぶれかかった時期に通産省（現在の経産省）が産業再建政策のひとつとして打ち出し、全国各地で三〇〇か所以上が組織さ

協同組合とは？

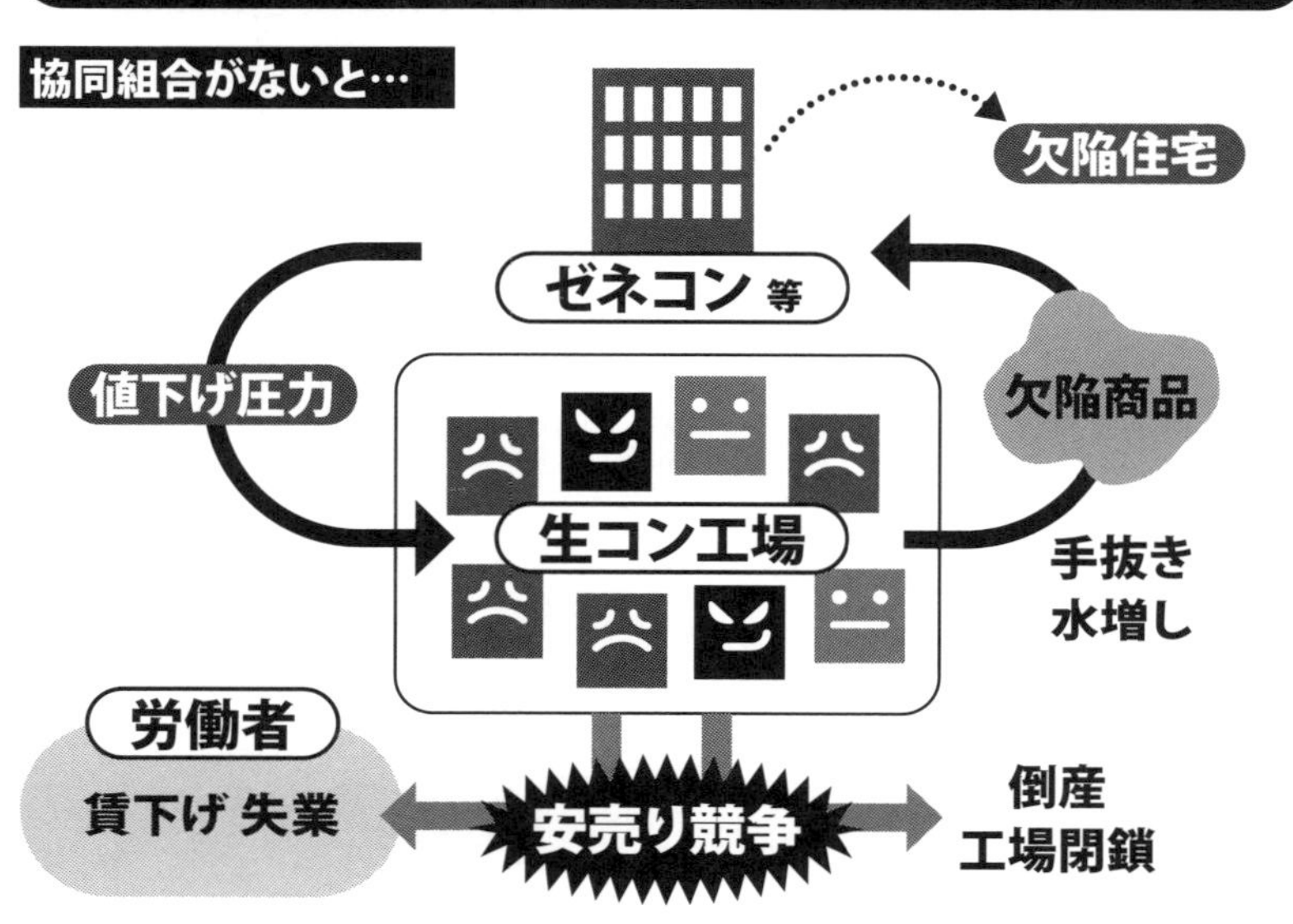
協同組合がないと…
欠陥住宅
ゼネコン 等
値下げ圧力
欠陥商品
生コン工場
手抜き
水増し
労働者
賃下げ 失業
安売り競争
倒産
工場閉鎖

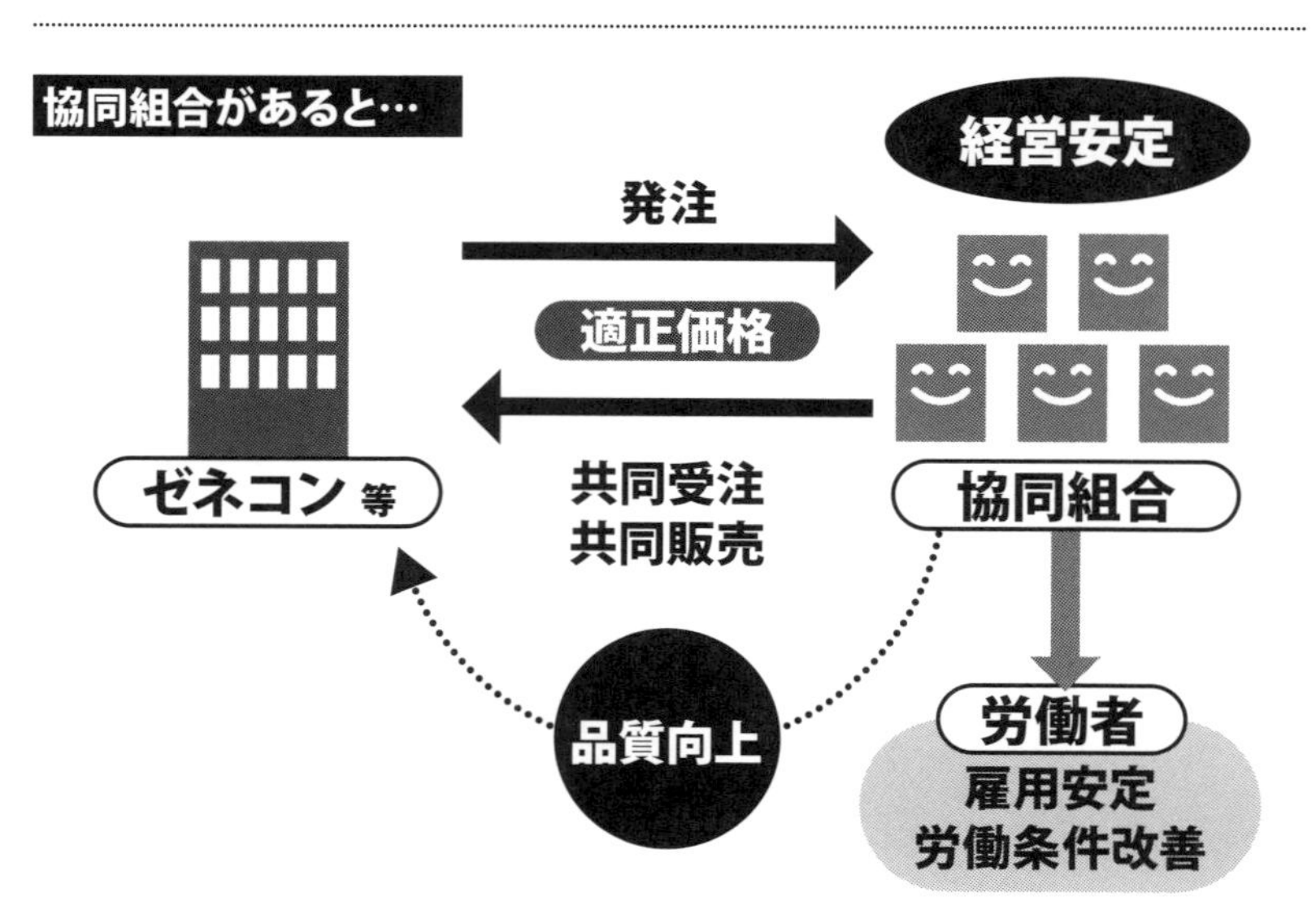
協同組合があると…
経営安定
発注
適正価格
ゼネコン 等
共同受注
共同販売
協同組合
品質向上
労働者
雇用安定
労働条件改善

れた。事業者の協同組合としてはもっとも普及したのだが、中小企業がまとまることを嫌うゼネコンとセメントメーカーの圧力や妨害（「協組を脱退したら大口物件を発注する」などの切り崩し）によって崩壊する協組が出たり、存在していても共同受注・共同販売を実施していない名ばかり協組も多いのが実態である。

全国有数の需要地である大阪においても、バブル経済の時代に安売り競争がまん延したために協組の組織率は三割以下となって事実上崩壊。一九九〇年代初頭は倒産、工場閉鎖があいついでいた。

この頃、業界に影響力をもつ有力な生コン業者たちが「業界再建に協力してほしい」と関生支部に申し入れたことから、業界と労働組合が二人三脚で協同組合の再組織化にあたることになった。

こうして一九九四年、大阪府下全域をカバーする大阪広域協組が発足した。三年後には府下の組織率は八五パーセントを達成し、価格の値戻しなど取引条件改善が劇的にすすむ。この成功例をもとに関生支部は和歌山、京都、奈良、滋賀など周辺地域でも業界再建をすすめていった。さらに、生コンの原材料となるセメントを運搬する業者をバラセメント業者といい、ほぼすべてが中小企業なのだが、この業界でも生コンにならって近畿バラセメント輸送協同組合が発足するなど関連業界にも協同組合の組織化が広がった。

それから二〇年あまり。途中でいくども安売り競争が復活し、協組の組織率が低下して崩壊しかけるといった危機を乗りこえ、三年前の二〇一五年に有力な協組未加盟業者らをふくむ「大同団結」が実現した。大阪広域協組は一〇〇パーセント近い組織率を達成し、二年後には兵庫県の大半の協組をも組織統合して一六四社一八九工場という現在の巨大組織に発展したのである。ちなみに最大需要地・東京都心部の生コン協組は四五社六一工場。その他の全国各地は一〇社前後がほとんどであって、大阪広域協組が群を抜く規模であることがわかるだろう。

その結果、生コン価格はこの三～四年ほどで四割以上も上がり、現在では一リューベ当たり一万八〇〇〇円前後というかつてない条件で販売できるようになった。周辺地域も一万七〇〇〇～一万八〇〇〇円に上がっている。加盟業者の経営状況は著しく改善され、利益が出るようになった。ちなみに東京や名古屋など大阪とならぶ大都市圏は一万一〇〇〇～一万二〇〇〇円程度にすぎない。

このような大阪広域協組の発展と今日の成功は、関生支部の政策活動と組織的なバックアップがなければ実現しえなかったであろう。

企業は競争しあっているので価格より目先の仕事量を優先しがちだ。そこにつけ込んでゼネコンは安売りを働きかけるし、セメントメーカーが生コン業者を販売拡張の道具として利用しようとする。それに対抗しつつ、協同組合の組織化と機能化のために桶のタガの役割をはたしてきたのが関生支部だったのである。

約束を守れ

さて、ここでストライキの要求の話にもどろう。

まず第一に、運賃引き上げの約束を守れという要求の意味と背景についてみてみよう。

生コン価格が大阪をはじめ周辺地域でも四割以上も上昇したのはすでにみたとおりだ。大阪府下の当時の生コン出荷量は年間五五〇万リューべ（二〇一六年度）だから、単純計算しても二五〇億円以上の増収となっている。大阪広域協組の加盟工場はどこでも利益が出せるようになった。

ところが、工場は利益が出せても、生コンを運ぶ運転手の賃金は横ばいのままだった。その原因は、現在の生コン業界、とくに都市部では、輸送部門が下請化されているケースがほとんどで、生コン工場が下請輸送会社に支払う運賃を引き上げないと輸送会社は賃上げの原資を確保できない構造になっているからだ。

しかも、一九九〇年代のバブル崩壊、つぎは二〇〇八年リーマンショックと、不況に陥るたびにくりかえされる業界ぐるみの安値乱売合戦のツケが最終的には下請輸送会社にまわされ、運転手の雇用は正社員から日々雇用に切り替えられてきた。そのために、関西では現在、生コン運転手の正社員対日々雇用の比率は三〇対七〇と逆転しているのが現状だ。

こうした輸送部門の下請化や日々雇用化といった合理化について、関生支部は業界再建のために工場存続を優先させる観点から条件付きで協力してきた経緯がある（ちなみに労働組合の組織率が低い東京圏は日々雇用の比率がもっと高い）。

業界再建が大きな成果をあげたのに労働側は犠牲となったまま。これではだれも納得するはずがない。だからここ五年ほど、運賃引き上げと日々雇用の正社員化は労働組合側の中心的な要求のひとつになってきた。大阪広域協組がこの要求の正当性を否定できるはずがなく、その必要性を認めて実施を検討すると毎年表明するものの、具体策にはなかなか手を付けようとしなかった。

二〇一六年春闘でようやく正社員対日々雇用の比率をまず五〇対五〇に改善することを大阪広域協組側は約束したのだが、これとて輸送運賃が上がらないので進捗状況ははかばかしくなかった。

二〇一七年春闘で大阪広域協組側は運賃を引き上げるとあらためて表明した。生コンについては一台当たり日額五万五〇〇〇円にする、バラセメント車は一台当たり五一〇〇円を引き上げると金額も具体的に示し、四月中にガイドラインを出すと回答した。滋賀、京都、奈良など周辺地域の協組は大阪に準ずるという姿勢だった。

ちなみに、この運賃の金額は、運転手の最低年収六三〇万円を保障するために必要な運賃を経営側が労働組合側の要求に応じて原価計算して算出したものである。

トラック運輸業は他産業にもまして深刻な高齢化と人手不足に直面しているが、その原因が低賃金・

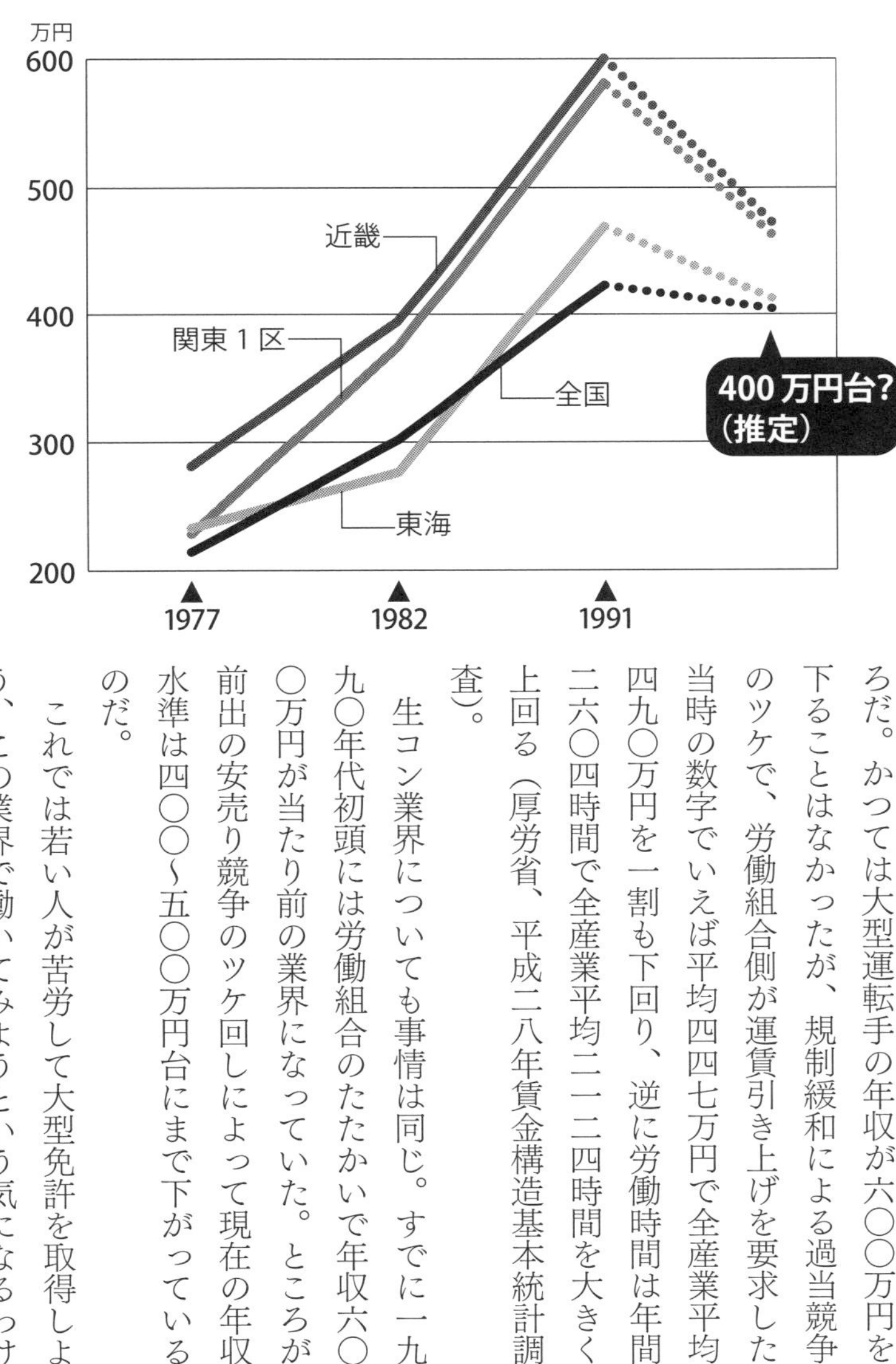

長時間労働にあることは業界も政府も認めるところだ。かつては大型運転手の年収が六〇〇万円を下ることはなかったが、規制緩和による過当競争のツケで、労働組合側が運賃引き上げを要求した当時の数字でいえば平均四四七万円で全産業平均四九〇万円を一割も下回り、逆に労働時間は年間二六〇四時間で全産業平均二一二四時間を大きく上回る（厚労省、平成二八年賃金構造基本統計調査）。

生コン業界についても事情は同じ。すでに一九九〇年代初頭には労働組合のたたかいで年収六〇〇万円が当たり前の業界になっていた。ところが前出の安売り競争のツケ回しによって現在の年収水準は四〇〇～五〇〇万円台にまで下がっているのだ。

これでは若い人が苦労して大型免許を取得しよう、この業界で働いてみようという気になるわけがない。愛知、静岡、岐阜の東海三県の生コン輸送業者の調査によれば、六〇歳以上の生コン運転手の割合は五〇パーセントを超え、七〇歳以上の運転手も一〇パーセントを超えている。東京や神奈川の実情もほぼ同様だった。最低年収六〇〇万円や週休二日制で魅力ある産業にすることが待ったなしに、そして絶対的に必要なのである。

相互扶助の精神

ストライキの要求の第二は「大阪広域協組の民主化」だった。これは、業界再建の成果を執行部の一部幹部が独り占めにしていたり、異論を唱える加盟業者を高圧的に抑え付けるような組織運営を見直すべきだという労働側からの批判である。同時に、労使関係のあり方についての約束を履行するよう求めたものである。

ここで、生コン協同組合の運営原則とはなにかを簡単にみておこう。

さきにふれたとおり、中小企業協同組合の共同受注・共同販売事業は独占禁止法の適用除外とされている。こうした法的保護を受けることができるのは、営業窓口を一本化して独占する協同組合の運営が「相互扶助の精神」（協同組合法一条）にもとづいておこなわれていること、つまり協同組合が受注した仕事を加盟業者間で公平に配分していることが前提とされるのだ。

そこで協同組合は、製造・輸送能力や実績などにもとづいて加盟業者ごとの出荷数量の割当て比率（シェア）をあらかじめ決め、各社に割り付ける仕事量がシェアを超過しないよう一定期間ごとに点検・調整するしくみを設けている。特定の業者だけに仕事が偏（かたよ）らないようにするためだ。公平なシェアの決定と割り付けが相互扶助精神の具体的なあらわれであり、象徴である。

ところが、大阪広域協組ではこのシェアの配分比率が執行部の一部業者に有利になるよう設定されたまま、不公平な運営がつづいていた。

大阪広域協組が大阪府下でほぼ一〇〇パーセントの組織率を達成したのは二〇一五年。大阪広域協組、阪神生コン協同組合（阪神協組）、レディミクスト協同組合（レディミクスト協組）という三つの協組、さらにどの協同組合にも属さない業者（業界ではアウト業者と呼んでいる）の四つの勢力が「大同団結」に成功したからだった。その際、シェアについては、組織統合を成功させるため当面は現状維持とすることにした。

つまり、旧・大阪広域協組以外の協組や未加盟業者は旧・大阪広域協組の販売価格を下回る値段で営業していたので、安値で受注済みの契約物件を大量に抱えていたのだが、その契約物件はかたちのうえでは統合後の新・大阪広域協組の契約物件扱いとするものの、実際の出荷は受注した阪神協組やレディミクスト協組、アウト業者がおこなうこととしたのだ。

また、シェア配分についても当面は統合前の出荷数量をもとに決め、一定期間後に見直して公平化することにした。その結果、阪神協組やレディミクスト協組に所属していた業者もしくはアウト業者のシェアが旧・大阪広域協組時代からの加盟業者の平均値を大きく上回ることを容認してきたのである。

大阪広域協組の組織運営は、東大阪、北大阪という具合に地域ブロック別におこなわれているのだが、たとえば神戸ブロックの場合、所属一九社のうち旧・大阪広域協組以来の業者一二社のシェアは三〜五パーセントなのに、地神（ぢがみ）秀治副理事長の北神戸生コンは二〇パーセント以上もある。統合前は阪神協やアウト業者だった他の四社も八〜九パーセントだ。

現在の大阪広域協組執行部でもっとも影響力がある人物は戦略本部長の肩書をもつ地神副理事長だとみなされているが、協同組合の相互扶助精神を真っ先に実践すべき立場の副理事長がいつまでも既得権を手放さないのでは、不公平なシェア配分について加盟各社に不満が高じていくのも当然だろう。

さらに、ひとくちに生コンといっても、一般的に使用される標準品と高層ビルなどに使われる高性能の製品とでは単価が倍以上もちがう。出荷数量が同じにみえても、高性能の物件を一部業者が独占したら、ここでも標準品ばかりの業者の不満が渦巻いていく。

こうした加盟業者の当然の不満に対して、大阪広域協組の一部幹部は、業界団体の幹部にあるまじき粗暴な言動や恫喝で抑え込みを図り、強権支配をおこなってきた。執行部幹部のなかには一台数千万円もの超高級外車を購入する者が一人ならずでてくる始末である。

大阪広域協組はいまや二万二〇〇〇円にまで価格を引き上げると鼻息も荒い。だが、なんのため、だれのための協同組合なのか。ゼネコンや取引先から後ろ指をさされ、価格適正化の妥当性さえ疑われかねない。そもそも、そんな一部幹部の私利私欲のために関生支部は身体をはって業界再建に協力してきたわけではない。

さらに、加盟業者全社が「経営者会」に加入するという約束についても、大阪広域協組執行部は不履行（ふりこう）をつづけていた。

「経営者会」は正式名称を「一般社団法人大阪兵庫生コン経営者会」という。大阪広域協組は経済事業団体なので労使交渉の直接の当事者にはなれない。そこで、労働組合との集団交渉をおこなう経営側の母体組織として大阪広域協組発足と同時に加盟企業によって設立されたものだ（発足当時は飛鳥会（あすかかい）という名称だった）。

設立当初は大阪広域協組のほぼ全社が加入していたのだが、組合側が四か月のゼネストを決行した二〇一〇年、セメントメーカー子会社の生コン会社がいっせいに脱退した。業界再建が関生支部のリードですすむこと、そして集団交渉で労働組合から手かせ足かせをはめられるのを嫌ったのだ。二〇一五年大同団結のときも、阪神協組、レディミクスト協組、アウト業者の多くは経営者会に加入しなかった。

そのままにしておけば、経営者会加入業者と未加入業者とのあいだで賃上げや雇用・労働条件改善など労使関係上のコスト負担に差が生まれ、未加入業者は業界再建の成果にただ乗り状態にもなる。労働側は分断され、業界に対する影響力も低下することになる。だから全社加入を再三要求してきたのだが、大阪広域協組は口では加入させるといいながら、これまた運賃引き上げと同様に空手形のままだったのである。

六つの労組による提言

関西の生コン業界では現在、六つの労働組合が活動している。連帯ユニオン関生支部、全港湾大阪支部、交通労連生コン産労、建交労関西支部、UA関西セメント労組、近畿圧送労組である。

六つも労働組合が存在するのは資本による分断支配政策の歴史の産物だ。共闘した時代もあれば分裂して別行動をとった時期もある。「大同団結」が実現した二〇一五年には、業界がまとまるのだから労働組合も再結集しようということで、六労組は「関西生コン関連労働組合連合会」(連合会)を結成した。そして、連合会と経営者会とのあいだで、賃金・労働条件はもちろん業界再建の政策問題まで幅広いテーマで集団交渉がおこなわれてきた。

二〇一六年一二月、連合会は第二回総会をひらき、「二〇一七年度活動方針」において「広域協組の新体制に対する基本的態度」として「六項目の提言」を決定した。長くなるが全文を引用しておこう。

六項目の提言

1 広域協組は 1994 年、業界団体と関係する労働組合の協力のもと、大阪府下の5つの協同組合が一本化して実現した協同組合である。しかし、こうした経過を横に置き「労働組合と距離を置く」または「権力を使って弾圧する」等々で業界が混乱してきた事実を真摯に受け止め、過去の誤った歴史を反省し改めること。

2 組織運営において、「言うことを聞かない」者に対して罵詈罵倒のみならず恫喝をおこなうなど暴力的発言で威嚇（いかく）する行為は、協同組合の品位を汚すものであり今後かかることがないようにすること。

3 理事職とは公人職であり、公人は協同組合の組織綱領、理念、総会決定の具体化を任されているのである。役職を利用して個社または私的利益の誘導などの行為は一切慎むこと。

4 過去の歴史が証明しているように労働組合と協同組合は共通した課題については相協力する関係を築くことが業界安定の道であることを理解し、協同組合加入社は大阪兵庫生コン経営者会に全社が加入するようリードすること。

5 業界再建の歴史に学び、労使の協力関係が協同組合運営の安定の基本であることを内外に明らかにすること。

6 生コン単価の売り価格決定については製造原価の要因に出入り業者（ミキサー、ダンプ、骨材、バラセメント輸送）などの適正運賃の反映と環境保全、教育・広報活動などの諸費用を考慮すること。

この六項目提言を読むと、すでに二〇一六年秋の時点で大阪広域協組と連合会のあいだに相当にきびしい緊張関係が生まれていたことがわかる。しかし、執行部は提言に対する回答を示さず、緊張関係を解消する努力もしなかった。

そして二〇一七年春闘においても大阪広域協組は運賃を引き上げると約束したものの、ふたたびみたび空手形だったのはすでにみたとおりだ。

なにごとであれ変化は一挙にはおきない。変化は少しずつはじまる。すこし時間をさかのぼって見返すと、ものごとの様相がすでに大きく変わっていたことに気づく。そしてある瞬間、一挙に古い外皮がはがれ落ち、決定的に変貌を遂げた姿があらわれる。

その瞬間が、じつはスト決行の二〇一七年一二月一二日だったのだ。

危(あや)うい全会一致

スト突入の動きを知った大阪広域協組の動きは素早かった。

まずはじめに労働側の切り崩し。六つの労組でつくる連合会のうち、生コン産労、建交労関西支部、UA関西セメント労組を呼び出し、ストに参加しない約束を取り付けた（この三労組はのちに連合会から脱退したと表明。翌年一月二四日にはあらたに近畿生コン関連協議会を結成する）。

つぎは協組の内部固め。スト直後に理事会を開き、さらに加盟業者が参加する協組運営説明会を開いた。そこで「ストは威力業務妨害であり犯罪行為だ。全面的に立ち向かい、関生支部を業界から一掃するために威力業務妨害・組織犯罪撲滅対策本部を設置して対処する」という方針を全会一致で決めた。ただし、この全会一致の内実はきわめて危ういものがある。採決の場面を再現ドラマ風にするとこんな感じだったという。

木村理事長「関生支部のこの活動を支持される方はいらっしゃいますか？　いらっしゃる方は挙手をお願いしたいと思います。」

地神副理事長や大山副理事長、そしてかれらの側近ともいえる数人の理事が参加者を見回し、重苦しい沈黙がしばし会場を支配する。

木村理事長「いらっしゃいませんか？　すべてこの行動に対して賛同できないことをたしかめさせていただきました。」

これで全会一致といえるのかどうか。その後の執行部の行動すべてについての白紙委任まで得られたといっていいのかどうか。

年明けの一月一二日には臨時総会で「威力業務妨害・組織犯罪撲滅対策本部」の活動に一〇億円の予算を確保することが決まったというのだが、その決め方もおなじように危うい。臨時総会は午前一一時半からはじまる新年互礼会の開会前のわずかな時間を利用して開かれた。立食のパーティー会場なので立ったまま。参加者は組合員一九〇社のうち委任状をふくめ一三八人。桁違いに額の多い予算を決めるというのに、予算の内訳明細書はなかった。

新年互礼会がはじまると、主催者あいさつで木村理事長は声を張り上げた。「労務問題じゃない、業務妨害、犯罪行為に対しては、われわれがピリオドを打つという年にさせていただく。一〇億で足りなければ二〇億、三〇億と用意する決意でございます。」

三番目に打った手はストライキに対抗する業務妨害禁止仮処分裁判の申し立てだ。これは宇部三菱大阪港ＳＳ（セメント出荷基地）と、地神副理事長が大阪市内で経営する中央大阪生コンというふたつの現場を対象に、ストライキをいったん中止させる命令を裁判所に出させようというものだ。その後者の裁判では中央大阪生コンに加えて大阪広域協組も申立人になった。

事業者団体である大阪広域協組が裁判の当事者に名を連ねるのは異例のことだ。仮処分裁判の当事者になる資格があるのは現にストライキを打たれている個々の生コン業者だというのが裁判手続きのある意味では常識だし、まして一六四社すべての工場でストライキが決行されていたわけでもない。

ところが木村理事長たちは「一社でもストライキがおこなわれれば加盟全社が影響を受けることになる。だから広域協組が裁判の当事者になる必要がある」と強弁した。法的にはあきらかに無理な理屈なのだが、手段を選ばぬ執行部のやり方に加盟業者からいずれ異論がでるおそれがある。だから、内実が怪しかろうがどうだろうが、ともかく全会一致を錦の御旗とし、無理を承知で裁判の当事者に名を連ねることで加盟業者に連帯責任を負わせ、逃げられないようにしたかったのであろう。

除名は無効

年が明けると関生支部の排除攻撃が本格化する。

最初の一撃は、経営者会と集団交渉の破壊を目的にした「頂上作戦」だった。経営者会の会長を呼び出し、「ストに同調する態度をとった」と難癖（なんくせ）をつけて「登録販売店としての資格を無期限で停止する」と通告したのである。

有力な生コン業者は製造工場を経営するだけではなく、セメントや生コン販売で口銭を稼ぐための商社（業界では販売店と呼んでいる）を別会社として経営していることが多い。しかし共同受注・共同販売事業のもとでは個別の営業活動は御法度だから、個々の販売店は大阪広域協組に登録してもらい、協同組合の代わりに営業活動をおこない、受注した物件を協同組合に卸すしくみになっている。

登録販売店の資格がなくなるとそれができなくなって経営は重大なダメージを受ける。取引停止を通告された会長はすぐさま無条件降伏。会長職を辞任しただけでなく、経営者会からも脱退。するとたちまち資格停止は解除された。

これをみていた経営者会加盟業者は雪崩を打って脱退。四〇社近い会員はまたたく間にひとケタになった。

さらに執行部は追い撃ちをかける。あらたに会長に就いた生コン業者（A生コン）にねらいをさだめ、「広域協組の現状を国会議員に陳情したこと。その場に連帯ユニオンが同席していたこと」を理由に、仕事の割り当てをゼロにした。そのあげく四月には「協同組合の事業を妨げ、または妨げようとした」という理由で除名したのである。協組加盟業者は震えあがった。

さらに執行部は一月二三日、加盟全社に対して「連帯との個別の接触・面談、交渉はお控えください。違反した場合は厳正に対処します」との通知を配布していた。露骨な不当労働行為の強制なのだが、この指示にお墨付きを与えるために、書面には大阪広域協組が設置した三五人からなる「組織犯罪撲滅対策本部顧問弁護団」のうち、元大阪地検刑事部長、元大阪地検特捜部長、元最高検検事、元大阪弁護士会会長らの氏名と前職がわざわざ記載されていた。

こうした強権をふるう一方、関生支部の組合員が多数在籍する一〇社以上の生コン輸送業者に対して「連帯系」とのレッテルを貼り、「連帯系の輸送業者の使用はお控えください」と加盟業者に通知。さらに「関生支部の日々雇用運転手は使うな」とも指示した。登録販売店の資格停止や除名という強権発動におびえる業者は、しぶしぶ指示に従った。

組合に加入したこと、組合員であること、組合活動をしたことを理由に解雇したり仕事を奪うなどの不利益取り扱いは、労働組合法七条一号が禁じる不当労働行為だ。その不当労働行為を協同組合という業者団体が加盟企業にあけすけに指示するという異常な事態がはじまったのである（その実態と問題点は本書に収録されている里見和夫弁護士の報告に詳しい。なお、この法違反の暴挙をはねかえすために関生支部は大阪府労働委員会などに不当労働行為救済をつぎつぎ申し立てていて、その数は二〇件以上にもなる)。

そう、木村理事長たちは協同組合クラッシャーなのだ。かれらのもとで協同組合にあるまじき組織に変質してしまったのが、現在の大阪広域協組なのである。

だが、半年も経たずに大阪広域協組の関生支部攻撃は大きくけつまずいた。

まず六月二一日、仕事を干されたあげくに除名されたA生コンが訴えた仮処分裁判で、大阪地裁は「除名は無効」「シェアに従って仕事を割り付けよ」とする決定を下した。ついで七月三日、大阪広域協組と中央大阪生コンが、ストライキを威力業務妨害だとして営業妨害禁止を求めた仮処分裁判の取り下げに追い込まれた。

あいつぐ敗訴で協組執行部に衝撃が走り、やはり執行部のやり方には無理があったのではないかと加盟業者がささやき合う。潮目があきらかに変わりはじめたとだれもが感じていた。

だが、その瞬間、救世主がおもむろに姿をあらわした。介入の機会をうかがっていた警察である。

第3章

「組織犯罪」というフェイク

恐喝未遂、強要未遂、威力業務妨害

二〇一八年七月一八日、滋賀県の湖東生コン協同組合（湖東協組）の理事を務める四人の生コン業者を、滋賀県警組織犯罪対策課が逮捕した。翌八月九日には、さらに湖東協組の理事長ら事業者二人、それに関生支部の執行委員一人を逮捕。同月二八日、ついに関生支部の武委員長ほか二人の支部役員が逮捕される。

いずれも「恐喝未遂」が容疑とされた。武委員長の場合、ジュラルミンの盾をものものしく構えた多数の機動隊員が配置されたなか、大勢の警察官に取り囲まれ、組合会館から連行される光景の一部始終をテレビが写しだした。警察発表を鵜呑みにした新聞も、関生支部がなにかしら犯罪行為に手を染めていたかのように、そしてただの労働組合とはちがう集団であるかのように印象づける報じ方をした。

しおれかけていた大阪広域協組はこれで息を吹き返した。

この衝撃的な七月、八月のできごと以降、九月、一〇月、一一月とたてつづけに事件がつくられ、威力業務妨害、強要未遂、恐喝未遂などの容疑で逮捕された組合役員や組合員は、別表のとおりじつに

権力弾圧事件一覧

事件名 （捜査機関）	日付	逮捕者		被疑事実	現状
		組合	事業者		
湖東生コン 協組事件 （滋賀県警 組織犯罪対策課）	7/18 8/9 8/28	 1人 3人	4人 2人	恐喝未遂	組合は武委員長ら4人全員起訴。保釈認められず勾留中
宇部三菱 大阪港SS事件 （大阪府警警備部）	9/18	16人		強要未遂 及び 威力業務妨害	七牟礼副委員長ら８人起訴。全員保釈または処分保留で釈放
中央大阪 生コン事件 （大阪府警警備部）	10/9	8人		威力業務妨害 及び 暴行	七牟礼副委員長ら５人起訴。全員保釈または処分保留で釈放
宇部三菱 中央大阪事件 （大阪府警警備部）	11/21	4人		威力業務妨害	武委員長ら3人起訴。武洋一書記長は処分保留で釈放
大津生コン事件 （滋賀県警 組織犯罪対策課）	11/27	7人	1人	威力業務妨害	湯川副委員長ら7人起訴。

のべ三九人にものぼった。生コン業者も七人が逮捕されている（二〇一九年一月一日現在）。

逮捕者の家族たちはもちろん、多くの組合員が不安な日々をすごした。逮捕者がひとりずつ異なる警察署に分散留置されたので、接見に通う弁護士たち、差し入れと激励行動に追われる組合役員や組合員の苦労は並大抵ではない。


さかのぼれば二〇一八年三月以降、これらの逮捕劇に先立って乱暴きわまりない家宅捜索がくりかえされてきた。大阪市内の支部組合事務所をはじめ、京都、奈良など各地の職場分会の事務所、組合員の自宅、企業の事務所や経営者の自宅、業者団体など、捜索個所は八〇か所以上にのぼる。任意の事情聴取と称して警察が組合員を呼び出し、組合活動について根掘り葉掘り聞こうとして、暗に組合を辞めたほうがいいとにおわせる不当労働行為も数えきれないほどだ。

産業別労働組合の一地方の単組にこれほどに権力弾圧が集中した事例は、少なくとも一九八〇年代以降はない。強制捜査は大阪府警、滋賀県警、京都県警がおこなっており、他の県警も事件づくりをねらっている。弾圧が収束する見通しはいまのところない。

労働争議の現場、とくにストライキのさなかに組合員と会社管理職が激しく衝突し、そこに警察が介入して組合側を逮捕するといった弾圧事件は労働運動の歴史ではしばしばおきている。あるいは街頭のデモ行進や国会前の集会で、過剰な警備体制を敷いていた警察とぶつかって逮捕されるケースもある。「暴行」や「公務執行妨害」が容疑とされることが多いが、強要未遂や恐喝未遂などというおそろしい罪名が使われた労働事件はおよそないだろう。

だから、関生支部をふつうの労働組合とはちがった特異な集団、活動そのものに犯罪性があると印象づけたい警察のねらいはそれだけで効果満点だったといえるかもしれない。

しかし、関生支部はまっとうな労働組合であり、やってきたことはごくあたりまえの組合活動以外のなにものでもない。

それは別表の五つの事件のあらましをみれば明白になる。一連の逮捕劇は、まさにあたりまえの労働組合活動を警察が犯罪視する不気味な時代のはじまりを告げるものにほかならない。

共謀罪のリハーサル

まず一番目の湖東生コン協組事件。

これは二〇一七年三月～七月、滋賀県東近江市で清涼飲料水メーカー（チェリオ）の倉庫建設工事を受注した大手ゼネコン、フジタに対して、湖東生コン協同組合が生コンは同協組から購入してほしいと働きかけたことが恐喝未遂とされ、協組理事長らが逮捕されたものである。

滋賀県警の捜査は予断と偏見にもとづくものである。

なぜなら、恐喝未遂とされたのは湖東協組のごくふつうの営業活動にすぎないからだ。前章でみたとおり、生コン業界では、生コン業者が中小企業協同組合法にもとづく協同組合を組織し、この協同組合による共同受注・共同販売事業によって、力関係で優位に立つゼネコンとのあいだで対等かつ適正価格での取引を可能にし、それによって生コンの品質も確保してきた。値崩れをひきおこすアウト業者ではなく湖東協組から買ってほしいと営業をかけるのは当然ではないか。

ましてフジタは、いまや清水、鹿島、大成などのスーパーゼネコンと肩を並べる大企業、大和ハウス工業の子会社。影響は大きい。そのフジタがアウト業者から安値で生コンを仕入れたとなれば、湖東協組の存立基盤を危うくする先例になりかねない。

一方、関生支部はフジタが建設現場でおこなっていた法令違反を指摘し、是正を申し入れるなどしていた(法令順守＝コンプライアンス活動)。滋賀県警はこれが恐喝未遂にあたるというのである。コンプライアンス活動が正当な組合活動であることは高裁判決で確定した判例になっているが、罪になるはずもない組合活動を事件に仕立て上げたうえに、警察は勝ち誇ったように「今後はコンプラはやらせない」と逮捕された組合役員らに告げている。逮捕された業者に対しは「関生支部と手を切れ」と迫ったともいう。いったい、警察はだれのために捜査活動をしているのか。

湖東協組と関生支部はこの地域の業界再建のために長年にわたり協力関係を築いてきた。この地域の中小企業の経営基盤を守り、組合員の雇用と労働条件確保のために協力しあうことが犯罪視されるいわれはまったくない。

五番目の大津生コン協組事件も同じ類型の事件だ。ただし、ここではコンプライアンス活動をおこなった関生支部の役員たちだけが逮捕されていて、容疑も恐喝ではなく威力業務妨害とされている。事業者は協組事務局にいた関生支部の元組合員が逮捕されたものの、理事らは逮捕、起訴されていない。

つぎに二番目の宇部三菱大阪港SS事件と三番目の中央大阪生コン事件。

これは前章でみた二〇一七年一二月のストライキ行動を威力業務妨害などとしたものだ。宇部三菱事件の場合、大阪府警は、スト当日に大阪港SSの現場にいた関生支部副委員長をはじめ一六人もの役員と組合員の全員を逮捕した。また、中央大阪生コン事件でも現場にいた八人という多数の役員と組合員を逮捕している。

このふたつの事件の場合、憲法と労働組合法が保障する労働組合の正当な団体行動権の行使に対して、民事不介入を原則とする警察が土足で入り込んでくること自体にそもそも問題がある。

さらに、逮捕という強制捜査は被疑者に逃亡や証拠隠滅（しょうこいんめつ）のおそれがあるから許される手段のはずだ。ところがストから九か月以上も経っての逮捕である。スト当日の朝、関生支部が宇部三菱大阪港SS前に到着すると、すでに警視正を先頭に複数の機動隊車両と多数の警察官が待機していた。中央大阪生コンの現場でも、工場長とともに西成署の警察官が多数登場している。威力業務妨害にあたる行為があったというなら、大勢の警察官は現場でなにをしていたというのだろうか。

約束を守らない大阪広域協組を大阪府警がかばい立てした。それがこの事件だとみるのが素直な受け止め方だろう。

四番目の事件は、一一月二一日、大阪府警が、武建一委員長、武洋一書記長ら四人を、宇部三菱大阪港SSと中央大阪生コンの二か所における威力業務妨害事件の被疑者として逮捕したものである。

だが、だれがみてもおかしい。なぜなら、この二か所のストライキについては、すでにみたとおり現場にいたのべ二四人が逮捕され、そのうちのべ一三人が起訴されて、翌年二〇一九年二月に第一回公判がひらかれることが決まっていたからである。裁判に移行した事件でなにをいまさら捜査するというのかという疑問がわくだろう。しかも、そもそも武委員長ら四人はストライキの現場には行っていないのである。

取り調べで警察は「これは別の事件だ」と説明したという。つまり、二〇一七年一二月のストライキを計画したことそのものが威力業務妨害罪に該当するとされているのである。

これは重大なことだ。「共謀罪のリハーサル」を意味するからである。

過去なんども廃案になった共謀罪新設法案を安倍内閣がふたたび国会にもちだした二〇一六年、法曹関係者や労働組合は「話し合うことが罪になる」と強く批判し、世論も大多数が反対した。しかし、安倍内閣は共謀罪を「テロ等準備罪」と言い換えて強行採決した。

四番目の事件は、まさに労働組合がストライキ闘争について話し合ったこと、そのことを犯罪視して罪に問おうとしているのである（なお、事件の詳細と問題点については別稿の永嶋靖久弁護士の報告を読んでいただきたい。この弾圧事件は関生支部だけに仕掛けられた性質のものでないことがより具体的に理解できるはずだ)。

憲法二八条に国家がケンカ売ってきた

二〇一八年一月、レイシスト集団の登場と大量のデマ宣伝、そして組合襲撃事件といった異様な場面の連続からはじまった関生支部弾圧は、同年夏からは大阪広域協組と結託した警察による空前の権力弾圧という事態に発展して現在に至っている。

大阪、滋賀、京都といった地元の多くの労働組合や市民が危機感をもち、素早く声をあげてくれている。九月には実行委員会形式で抗議集会をひらき、「これは国家が憲法二八条にケンカを売ってきたようなもの」「この弾圧は関生支部だからおきたのではなく、すべての労働組合にかけられた弾圧だ」と、事態の本質をみごとに言い当ててくれた。この集会は、毎週末に滋賀県警や大阪府警に対する抗議街宣にとりくむと決議し、いまも行動はつづけられている。

平和フォーラムや交運労協など中央の労働団体や、全港湾、全国ユニオンなどの単産もいちはやく不当弾圧を許さないと表明している。韓国のナショナルセンター民主労総や、連帯ユニオンと兄弟的

憲法28条

勤労者の団結する権利及び団体交渉その他の団体行動をする権利は、これを保障する。

関係にある韓国建設労組も抗議声明を採択して日本大使館に提出している。

さらに一二月六日、秘密保護法対策弁護団と共謀罪対策弁護団が共同で抗議声明を発表してくれた。抗議声明は次のように指摘している。

「これらの事件は、共謀罪が直接に適用された事件ではなく、秘密保護法に関する事件でもない。しかし、労働組合の日常的なコンプライアンス活動や争議権の行使の一部を犯罪事実として構成し、これに関与した組合員を一網打尽で検挙し、デジタル情報の収集によって関係者間の共謀を立証することで犯罪を立証しようとしている点において、担当弁護団が正しく指摘するように、共謀罪型弾圧の大規模な開始を告げるものと捉え、これに対抗する態勢を整えなければならない。」

そのうえで、「秘密保護法対策弁護団と共謀罪対策弁護団は、この未曾有の大弾圧に対して強く抗議し、当該担当弁護団と連帯してその拡大を許さない陣形を構築することを、広く呼びかける。」としている。

みごとな連携プレー

まだ憲法や労働組合法が改悪されたわけではない。それなのにストライキを犯罪視する警察の無法な捜査がまかりとおっているのはなぜなのか。

その理由のひとつは、警察が主導するキャンペーンにある。関生支部は組織犯罪集団だと決めつけ、さも重大な犯罪がおきたかのように発表すると、産経、ＮＨＫなどのメディア、大阪広域協組、レイシスト集団などがいっせいに合唱する。

その一例として、組合役員ら一六人が根こそぎ逮捕された九月一八日のできごとを具体的にみてみよう。

政府御用達の産経は逮捕令状が執行される前の深夜に朝刊原稿を書き、逮捕直後に電子版で第一報。安倍内閣の官邸広報機関というべきＮＨＫが、連行される役員の姿を動画で報じて重大事件であるかのように印象付けた。間を置かずにそれがヤフーニュースのトップにランキングされる。

9月18日の連携プレー

01:00	産経新聞 14 版記事
05:30	大阪府警、16 人逮捕
07:00	産経電子版
07:00	NHK 関西電子版
09:40	瀬戸東京街宣 （連帯本部〜全国ユニオン〜立憲民主党〜議員会館）
13:15	NHK 全国ニュース
15:35	広域協、生コン産労、渡邊臥龍が 新京都生コンに押しかけ

他方、大阪広域協組は「組織犯罪集団であることがはっきりした」「連帯と手を切れ」と各企業に圧力をかける。レイシスト集団は、瀬戸氏が前々日に東京入りを予告するブログを書き、一八日当日は東京の連帯ユニオン中央本部前で「犯罪集団を除名しろ」と街宣。立憲民主党や議員会館前にもあらわれた。

驚かされるのは、建交労、交通労連生コン産労、UA関西セメント労組の行動だ。レイシスト集団の渡辺臥龍氏に「近畿生コン関連協議会　調査部」の名刺を与え、京都や奈良の生コン工場や協同組合に宣伝カーでおしかけた。京都では、大阪広域協組の理事や職員も一緒に行動し、渡邉臥龍氏は「犯罪者、犯罪者、犯罪者」と連呼したり、「犯罪集団と手を切れ」「連帯を脱退しろ」と喚き立てた。

なお、近畿生コン関連協議会はさらに、どこで入手したのか不明だが逮捕された全員の実名を一覧にして「組織犯罪集団」と誹謗中傷するビラを配布している。

これを時間を追って並べたのが別表。用意周到に準備されたみごとな連携プレーというほかない。

正反対の構図

もうひとつ、インターネットとＳＮＳの急速な発達で情報の伝わり方や速度が大きく変容し、フェイクニュースが氾濫（はんらん）するようになったという問題が背景にある。

たとえば、ヤフーニュースはいまやテレビや新聞など既存のメディアを圧倒的に凌ぐだけの情報媒体の地位を占めている。ひとつのできごとについての閲覧数は朝日新聞の四〇倍といわれる。若者だけではなく多くのひとがスマホのヤフーニュースなどから情報を得ている。既存メディアが自分で取材せずにヤフーニュースやネットからネタを拾ってくる時代である。

産経新聞の読者は数が知れている。しかし、そこに書かれた警察発表垂れ流しの記事が、内容の真偽など検証されずにヤフーニュースを通じて瞬時に、爆発的に拡散される。それがまた、フェイスブックやツイッターなどのＳＮＳで共有され、増幅（ぞうふく）装置のようにして拡散されていくのである。

こうしたネット空間を通じて流される「フェイクニュース」はいま、社会に重大な影響を与えている。

フェイクニュースとは

出典：“Suterisms” by David Suter

フェイクとは「にせもの」「模造品」という意味で、フェイクニュースはマスメディアの虚偽報道を指す用語として使われてきた。しかし最近は、またたく間に情報を拡散することができるネット空間の特徴を悪用して、インターネットやSNSで一定の意図をもって流される虚偽情報を指すことが多い。主体はメディアではなく、個人、社会集団、あるいは国家。イギリスのEU離脱キャンペーンや米大統領選（いずれも二〇一六年）では、フェイクニュースが多くのひとの投票行動に重大な影響を与えたことが知られている。

　フェイクニュースのきわだった特徴は、できごとの一部を作為的に切り取ることでまったく別の意味をもつ情報として拡散できるという点にある。ジャーナリストでネット・アクティビストの津田大介氏は講演で、そのことをアーティストのデビッド・スーターが描いたイラストを使って説明している（76ページ）。

刃物を手にした右側の人物に襲われて、左側の人物が逃げている。それが実際のできごとだ。ところが、テレビカメラがその一部だけを写すと、左側の人物が逃げている姿は見えず、反対に左側にいると思われる人物が刃物らしきものを突きつけ、いままさに右側の人物を刺し殺そうとしている場面として視聴者には伝わる。

多くの説明は不要だろう。ここでは被害者と加害者が完全に入れ替わっている。たしかにカメラは事実でないことを伝えているとはいえない。しかし、事実の全体像を伝えず一定の意図のもとに一部だけを切り取れば、実際の事件を正反対の構図で描き出して伝えることができる。最近ネット空間で氾濫（はんらん）するフェイクニュースではこの手法が多く用いられている。

言ったもん勝ち

ひるがえって、大阪広域協組やレイシストたちが使ってきたのもこのフェイクニュースの手法だった。

事実無根のデマや誹謗中傷は瀬戸氏らレイシスト集団が得意中の得意とするところ。大阪広域協組がヤクザや暴力団を使わず、レイシスト集団を選んだ理由は、関生支部を「ヒール役」に仕立て上げ、組合つぶし攻撃を正当化するためには、かれらこそ「適任（てきにん）」だったからだ。

いわゆる行動保守を名乗る陣営はＹｏｕＴｕｂｅをフル活用してデマ宣伝を拡散しているが、瀬戸氏らも大阪広域協組と組んで「連帯関生支部恫喝行為」「連帯ユニオン関生支部による嫌がらせ〜企業恐喝の実態」などと題した動画をＹｏｕＴｕｂｅに投稿し、その画像を自身のブログにくりかえし貼り付けてきた。それがツイッターなどで拡散され、ＹｏｕＴｕｂｅの視聴者数がふえて上位にランキングされるとより多くのひとの注目を集める、というしくみを活用してきたのだ。

それらは関生支部がおこなった抗議行動やストライキの場面のごく一部を切り出してつくられている。動画に登場する組合員たちは、みな大声で怒鳴っている。会社側の人物たちに襲いかからんばかりの激しい勢い。表情は険しく、眼光鋭く、怖い。

なぜ関生支部の組合員がそこにいるのか。どうして怒っているのか。その場面に至る経緯や背景はまったくわからない。切り捨てられている。だから、恫喝行為、嫌がらせ、恐喝などとだけ書かれたタイトルや字幕と動画の印象だけが一人歩きする。「関生支部って、ならず者の集団なのか？」「労働組合っていうけど、企業を脅してカネをまきあげているのか？」「だから委員長やたくさんの組合員が逮捕されたんだ」……

こうして真相はゆがめられる。事実無根のデマがまかりとおる。

しかし、抗議行動やストライキで大声が出て、怒りが表現されるのは当然のことだ。法律どおりの残業代を支払わない。社会保険に加入させない。組合に加入したら解雇された。団体交渉で決めた約束を守らない。説明しても聞く耳をもたない。だから組合役員が先頭に立って抗議に行く。ストをする。

その現場で、終始おだやかな態度で、「すみませんね。法律を守ってくれると助かるんですが、どうでしょうか」などと話す組合役員がどこの世界にいるっていうのか。縁側でひなたぼっこしながら茶飲み話をするのとはわけがちがうのだ。なかまがひとつになって企業にはたらく側の要求と怒りをぶっつける。それが抗議行動やストライキの値打ちというものだ。――そんな組合側の正論は、スマホで情報を得る圧倒的大多数のひとには伝わらない。

憲法や労働組合法は、そうした組合の団体行動を保障する。刑事罰の対象にはしないと明記している。しかし、そんな条文を無視して、とにかく組織犯罪集団だとレッテルを貼って逮捕してしまえば、そのとおり既存のメディアが記事にして、それが瞬時にネットで拡散され、ひとびとの意識に染みこんでいく。言ったもん勝ち、やったもん勝ち。

あいつぐスキャンダルと強行採決にもかかわらず安倍内閣の支持率はさして低下しない。森友・加計問題や自衛隊の日報かくしは「改ざん」「ごまかし」「ねつ造」、外交は「やってるふり」で延命を図ってきた。そして安倍首相らが常套手段としてきたのは「言い換え」だ。

たとえば、オスプレイの「墜落」は「不時着水」、日本を死の商人国家に変える「武器輸出」は「防衛装備移転」、「共謀罪」は「テロ等準備罪」、「カジノ」は「統合型リゾート」、そしてとうとう「攻撃型空母」は「多用途運用型護衛艦」……人を欺く言い換えでほんとうの意味が見えなくされてきた。

こんな政府のやり方がまかりとおっているのだから、警察も乱暴な「言い換え」を平然とやってのけるのだ。建設現場の法違反を「告発」したら「恐喝」、「抗議」したら「強要」、「ストライキ」は「威力業務妨害」、「組合活動」は「組織犯罪」、「労働組合」は「組織犯罪集団」云々。

絞殺（こうさつ）される民主主義

津田大介氏によれば、世界の人口七五億九〇〇〇万人のうち、インターネットを利用しているユーザーは四〇億二一〇〇万人（普及率五三％）、スマホ経由でソーシャルメディアを使っている利用者は二九億五八〇〇万人（三九％）で、全世界の四割の人が日常的にスマホで情報交換している。

だれもがどこにいても自由に情報発信できてジャーナリズムや民主主義の質が上がる。そうした理想に反して、実際は既存メディアの衰退、フェイクニュースやプロパガンダが蔓延（まんえん）している。そのなかで大きな社会問題になっているのが、ソーシャルメディアが利用者の関心・注目獲得競争に勝ち抜くために「人間の負の感情」を喚起するコンテンツを選択する傾向にあることだと津田氏は指摘している（『情報戦争を勝ち抜く～武器としてのメディアリテラシー』朝日新書）。

また、作家の一田和樹（いちだかずき）氏は、フェイクニュースはたんなるデマのたぐいにとどまらず、世界各国の政府や軍部がそれを世論操作や政権維持の武器として使っている現状を、ロシア、アメリカ、ヨーロッパ、アジアの各国の豊富な事例もとに説明。ネット世論操作は、近年各国が対応をすすめているハイブリッド戦という新しい戦争のツールとして重要な役割をになっていると指摘している。ハイブリッド戦は兵器を用いた戦争ではなく、経済、文化、宗教、サイバー攻撃などあらゆる手段を駆使した概念だ。そのなかで軍事が占める割合はわずか二五パーセント。フェイクニュースはその有力な武器となっていて、民主主義は絞殺されつつあると警鐘(けいしょう)を鳴らしている（『フェイクニュース』角川新書）。

憲法二八条があるから、労働組合法があるから、だから労働組合活動は保障されているのだと安穏(あんのん)とはしていられない。フェイクニュースの脅威は法律の条文など変えなくても、ひとの意識を揺さぶり、社会を分断させうる。いや、実際に分断されているのだ。

大阪広域協組の組合攻撃、そしてこれに便乗した警察の権力弾圧という事態は、関生支部というひとつの労働組合にしかけられた攻撃という観点だけではなく、そうした社会全体の深刻な危機の構図のなかでとらえる必要があるのではないだろうか。

実際、いぜんとしてやまぬマイノリティに対するヘイトスピーチと統一地方選を射程に入れたレイシスト集団の蠢動(しゅんどう)、政権を批判する報道機関と記者たちへのあいつぐ攻撃、弁護士大量懲戒請求事件、安保法制に反対する声明に名を連ねた学者たちに対する攻撃などなど、民主主義の社会装置に対するネットを悪用した執拗な攻撃がつづき、それらは地下茎のように繋(つな)がっているようである。そして、その背景にはまぎれもなく官邸がある。

関生支部に対する弾圧をはねのけるたたかいも、そうした民主主義社会を破壊するあらゆる不当な攻撃をはねのけるたたかいと一体でとりくまれる必要がある。

第4章

道は険しくとも

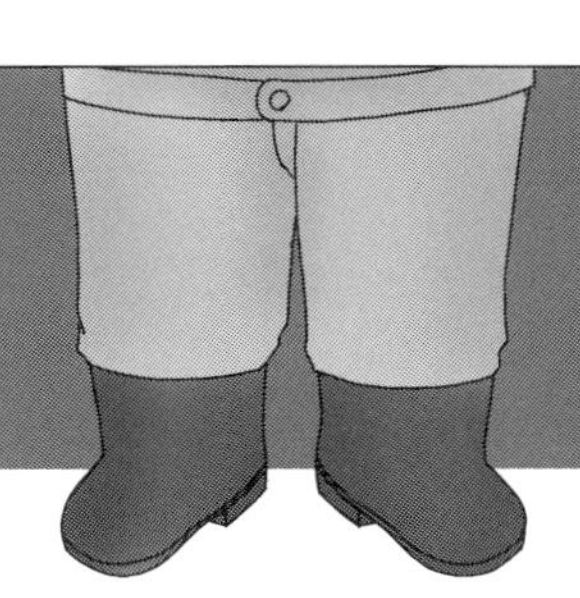

組合活動に問題がある？

それにしても、なぜ関生支部はこれほど弾圧されるのだろう。

関生支部に対する大がかりな権力弾圧は、じつはこれがはじめてではない。一九八〇年代初頭、若い世代にとっては古ぼけた一六ミリフィルムで観る映像のような時代の話になるが、その頃にも関生支部はおよそ三～四年間にわたって権力弾圧をしかけられたことがある。

それが第一次とすると、第二次はいまから一四年前の二〇〇五年。このときは武委員長はじめ七人の組合役員が逮捕され、一年近く拘留された。

こうしてみると現在は第三次ということになる。

これだけくりかえし権力弾圧を受け、それでも節を曲げずにがんばる労働組合はそう多くはない。〝がんばれ〟。そう思ってくれる仲間たちがいる一方で、やはり、どこか組合活動に問題があるから警察に目をつけられているんじゃないの？――そんな疑問をもつひとがいても無理はない。

そこでこの章では、関生支部がどのように生まれ、生コンという産業においてどんな運動をつづけてきたのか、その起伏（きふく）に満ちた足跡と意味をおおづかみにではあるがたどってみることにしたい。そうすれば、くりかえされた権力弾圧の理由、そして現在進行している権力弾圧の本質もはっきりみえてくるだろう。

頓挫した政府の構想

生コン産業はセメントメーカーの販売手段として生まれ、一九六〇年代の高度経済成長期に全国各地に工場が乱立した。供給過剰になった一九七〇年代初頭のオイルショックと不況に直撃されて業界まるごとつぶれかかった。

このとき業界立て直しに乗り出した通産省（現在の経産省）が「近代化六項目」と名付けた政策を打ち出し、そのひとつが協同組合による共同受注・共同販売というしくみで、業者同士の安売り競争をなくそうと試みた。これはすでに第二章で説明したとおりだ。

もうひとつ、各都道府県に「生コン工業組合」を設置して、中小企業近代化促進法にもとづく「構造改善事業」をすすめ、多すぎる工場を減らして適正な生産規模の業界にする。品質管理と技術向上の指導にもあたるというメニューも、この六項目にはふくまれていた。

協同組合は共同経済事業、工業組合は工場集約事業という役割分担で、健全な業界に仕立て直すという構想で、いずれもセメントメーカーが販売拡張競争を自重して協力することを前提としていた。

通産省のもくろみは当初はうまくいくかにみえた。全国三〇〇か所以上に生コン協同組合が組織され、工業組合が旗を振って、短期間のうちに当時三〇〇〇近くもあった工場のうち三六工場が集約・廃棄された。

しかし、しばらくすると、協力を約束していたセメントメーカーが、またもや拡販競争に走りだす。ゼネコンも将来の品質より目先の利益を優先する。リーダー格の生コン業者が苦心して協同組合をまとめようと汗をかいても、それをあざ笑うかのようにセメントメーカーが新規参入業者の生コン工場新設を手助けするし、ゼネコンもアウト業者（協同組合未加盟業者）から安値の生コンを買う。

各地で協同組合の共同受注・共同販売事業は形骸化し、都市部では協組の分裂や解散があいついだ。一九八〇年代、工場数はふたたび増勢に転じ、通産省の構想は画に描いた餅に終わった。セメントメーカーにとっては生コン業界全体のことより自社の売上げが大事だったのだ。

ところが、各地で構造改善計画が頓挫するのを尻目に、大阪と兵庫の生コン業界は目を見張るような成果をあげていた。

工業組合は都道府県単位で組織されたのだが、大阪府と兵庫県だけは例外で、「大阪兵庫生コンクリート工業組合」（大阪兵庫工組）として設置されている。大阪と神戸という大都市が隣接しているので、生コン業者は県境をまたいで営業活動をしているからだ。

この大阪兵庫工組と労働組合の関生支部が「業界再建」という目標をかかげて手を組んだ。それが苦境に陥った業界に新たな活力を生み出したのである。

産業政策闘争のはじまり

関生支部は一九六五年、大阪の五つの生コン工場で一八〇人の組合員が企業のワクをこえて結集する業種別組織として誕生した。

当時の労働条件は、二四時間操業で日曜も休めないというもの。運転手は関西だと沖縄や九州、関東だと北海道や東北から来た口数が少なく忍耐強い若者が多く、工場で寝泊まりしてはたらいたが、あまりの過酷さに「残業なしで食える賃金をよこせ」「労働者同士を競争させる歩合給廃止」といった要求をかかげて果敢にたたかった。

これに対し、セメントメーカーをバックにした生コン業者は、暴力団や警察を使って、権力弾圧、組合分裂攻撃、解雇、工場閉鎖など不当労働行為のかぎりを尽くした。

だが、それが関生支部を鍛えた。組合員数も一九八〇年には一〇〇〇人を突破。強力な団結力と闘争力を誇る屈指の労働組合に成長し、「全自軍」（関生支部が当時所属した上部組織の名称、全自運＝全国自動車運輸労働組合の語呂合わせ）と業界から怖れられる存在となった。

その関生支部が、構造改善事業による「業界再建」に協力するスタンスをとったのである。構造改善事業とは過剰(かじょう)な工場を集約して減らすこと意味する。要するに労働者の人員整理と失業につながる合理化事業にほかならない。当然、労働組合の抵抗が予想される。

その頃は労働運動全体にパワーがあった。毎年の春闘ではどの労働組合もストライキで大幅賃上げを獲得していたし、年金の物価スライド制を要求するゼネストで政府から譲歩を勝ち取るだけの力があった。「クビ切りなんかもってのほか」。そんな権利意識の高さもあったから、多くの労働組合が「合理化絶対反対」をスローガンにしていた。

ところが関生支部は、そうした既成の運動常識にとらわれずに「雇用確保を第一義とすること」を条件に構造改善事業を推進する方針を打ち出し、一九七八年、工業組合と雇用協定を交わすのである。

工業組合傘下の生コン工場がA、B、C、D、E…とあるとする。このうちCとEが工場集約の手を上げて廃業するとした場合、存続するA、B、D…が工場廃棄の費用を分担する代わりに、CとEの営業権を一定の比率で引き継ぐ。工場数が減れば生コン価格も上昇する。これが構造改善事業による工場集約の基本原理と手法だ。

しかし、これだけで終わりだと、企業の収益は改善されるが、労働者はその犠牲になるだけだ。そこで関生支部の雇用協定の発想はこうなっている。

存続するA、B、D…の各工場は、CとEから引き継ぐ営業権の比率に応じて、CとEの労働者の雇用も引き継ぐべきであり、工業組合がそれをあっせんすべきだ。そうすれば工場閉鎖で人員整理がおこなわれても組合員は失業しないし、労働組合も組織力を失わない。コロンブスの卵というべきか。あとからみれば簡単な理屈なのだが、危機のまっただ中でそれを発見し、決断しえたのは見事というほかない。

企業ごとに組織された企業別労働組合だと、経営悪化に直面すると企業存続のためには労働条件切り下げもやむなしと防戦一方となり、やがて武装解除に至るケースが大半だ。ところが、関生支部は企業のワクをこえた組織ならではの視野の広さと強みを発揮して、業界の危機を生コン業界の自立と健全化へのチャンスに変える独創的な運動を編み出していくのである。

二度のオイルショックによる打撃は高度経済成長期に増産をつづけたセメントメーカーにとっても深刻なものだった。大企業揃いのメーカーは、政治力を生かして構造不況業種指定を受け、不況カルテルを結んでセメント価格の引き上げを図る一方、あいかわらず販路拡張を競い合って生コン工場の増設を画策した。いずれも生コン業界を犠牲にすることを前提にしている。

そこで関生支部は、セメント価格の一方的引き上げや生コン工場の新増設反対が「業界再建」に必要な、中小企業と労働組合の共通課題だと提起した。それが中小企業家に共感を広げた。一九八〇年には、稼働寸前だった大型の新設工場を廃棄に追い込む成果をあげた。

一九八一年、関生支部、全港湾大阪支部、交通労連生コン産労、全化同盟（ＵＡ関西セメント関連労組の前身）の四労組と大阪兵庫工組は、賃金・労働条件の統一、生活最低保障制度、産業別年金と福利厚生制度の創設など、未組織労働者にも適用されることを前提とした三二項目の労働協約を締結するに至った。

関生支部の問題意識は、中小企業と労働組合が提携することを通じて生コン業界を自立した産業として発展させることにあった。工場集約と協同組合強化で生コン価格を安定させる一方で、セメントメーカーの拡販競争や一方的な価格つり上げを規制すれば、中小企業の経営安定と労働者の雇用安定が実現できる。

実際、大阪、兵庫地域の生コン価格は安定した。世間の労働組合はオイルショック後の不況で元気がないのに、労使合わせて三〇〇人をこす集団交渉の様子はテレビでも放映された。こうして一九八〇年代初頭、年収は六〇〇万円台、四週六休制による年間休日一〇四日、組合活動保障といった中小企業では全国有数の労働条件が実現した。関生支部をお手本とした業種別組織づくりも東京、静岡、愛知へと広がっていく。

戦後の労働組合運動の主役だった総評（日本労働組合総評議会）の運動方針には、中小企業の労働運動を発展させるためには「一面闘争・一面共闘」の観点と政策が必要だと書かれていた。日本の大企業支配の特徴は、一次下請、二次下請、さらにその下にもという重層下請構造にあり、この下請構造に組み込まれた中小企業にはふたつの側面、すなわち一面では労働者を搾取（さくしゅ）しているが、中小企業自体も大企業から収奪（しゅうだつ）されている一面がある。その両面に着目することが必要であり、中小企業と労働組合が政策的に共闘すれば、大企業の収奪に対抗し、産業を民主化する展望が開ける。そう分析したのである。

まったくそのとおりなのだが、残念ながら実践例はほとんどなかった。関生支部のこの時期の挑戦は数少ないそのひとつで、しかも説得力ある成果をあげた稀有な実例といえる。

むろん、最初から成算があってのことではない。教科書もお手本となる前例もないから、すべて手探り。しかし、関生支部が、その後の幾多の困難と試練を乗り越えて進むことができたのは、この時期に体得した産業政策闘争への確信があるからだ。行動することで、仲間の団結した力を頼りに挑戦を重ねるなかで、その確信をつかみとったのだ。

一九八〇年代——一回目の権力弾圧

思わぬ展開に驚愕したのがセメントメーカーだった。三菱、住友といった旧財閥の大企業が肩を並べるこの業界は、鉄鋼、造船、化学、電機といった、高度経済成長をリードした重化学工業の一角を占めてきた。財界の中枢にあって、戦後の強力な労働争議と対峙して財界労務部と称された日経連（日本経営者団体連盟）の歴代会長八人のうち三人を輩出してもいる。一九四八年設立から二〇年間も会長の座に君臨した諸井貫一（当時の秩父セメント）、三菱で労務畑を歩み、炭鉱閉山の陣頭指揮をとったことから「人斬り文平」と異名をとった大槻文平（三菱鉱業セメント＝現在の三菱マテリアル）、そして、同じ三菱の永野健の各氏である。歴代の政権にも強い影響力をもってきた。

そのセメントメーカーからみれば、生コン業者など取るに足りない中小企業にすぎない。関生支部などはどこの馬の骨とも知れぬ労働組合というものだったろう。その中小企業と関生支部が手を組んで、大企業の価格政策や営業の自由を縛りにかかってくるなどといった事態は、どうあっても我慢できるものではなかっただろう。

一九八一年、アクが強い風貌の大槻文平会長は『日経連タイムス』のインタビューで、「資本主義の根幹にかかわる運動をしている」と敵意をむき出しにした。業界紙も、工業組合と労働組合の頭文字をとって「工労提携」と表現して危機感をあおった。

大槻会長の発言を機に、各メーカーは子会社の生コン工場を集めて「弥生会」という組織をつくり、関生支部と交わした労働協約をいっせいに破棄させた。これに連動して右翼団体に籍を置く一部の業者が「工組民主化グループ」なるものをつくって、大阪兵庫工組の体制刷新を要求する。理事長は辞任に追い込まれ、背任容疑で逮捕される事態に発展する（のちに無罪となるのだが）。後任の新理事長は三二項目協定の破棄を表明し、団体交渉も拒否した。

一方、大阪府警は五〇名規模の専従捜査班を設置。「関生支部から労働争議にかこつけて金銭をゆすり取られたと被害届を出せ」と生コン業者を脅してまわった。こうして労使協定を守れとか解雇を撤回しろと要求する労働組合ならあたりまえの争議行為が、「強要」「恐喝」「名誉毀損」などという恐ろしい罪名の刑事事件につぎつぎと仕立て上げられていった。毎月のように組合事務所には警察が家宅捜索に入り、不当逮捕された組合役員や組合員は一九八二年だけでも九つの事件で三二人。弾圧は東京にも及び、空前の規模の権力弾圧事件に発展していくのである。

関生支部は当時、全自運が名称変更したのちの運輸一般という産業別労組に加盟しており、運輸一般も関生支部も共産党の影響を強く受けていた。その共産党がこの権力弾圧の嵐に動揺し、それまで高く評価してきた関生支部の運動方針を一転して否定するようになった。セメントメーカーと警察ときびしく対決している最中に、関生支部は後ろから鉄砲を撃たれたに等しい。

混乱に陥り、組織分裂を強いられた関生支部は一九八三年一〇月、運輸一般との訣別(けつべつ)を選択した。三〇〇〇人を数えた組合員も半減し、組織は大きな打撃を受けた（このとき関生支部から分裂した組織が現在の建交労関西支部だ）。

生コン業界の打撃も大きかった。セメントメーカーの下請となって労務屋まがいの団体に変質した協同組合にあいそをつかして脱退があいつぎ、組織率はみるみる低下。業界はばらばらになり、安売り競争がみるみる広がっていった。これが第一次権力弾圧の結末だった。

どれほど苦しい時期であれ、やがて情勢には変化が生まれる。

孤立無援のピンチに追い込まれた関生支部は、全日本建設産業労働組合（旧・全日建(ぜんにっけん)）という、建設現場の出稼ぎ労働者や末端の下請労働者を組織して大手ゼネコンの使用者責任追及運動にとりくんでいた総評の加盟単産と出会った。そして、一九八四年一一月、大企業中心の経済・産業の民主化、大衆闘争重視、企業の枠をこえた労働組合づくりなどの方針で合意し、産業別労働運動のあらたな前進をめざして全日本建設運輸連帯労働組合（現在の全日建＝連帯ユニオン）を結成した。

総評が権力弾圧に反対する署名活動を開始し、その頃は野党第一党だった社会党も二〇人規模の国会議員からなる「全日建対策特別委員会」を組織してバックアップ体制をとった。

一九八五年八月、一方的に破棄された三二項目協定の有効性を確認し、大阪兵庫工組の団交拒否は労働組合法違反の不当労働行為だと認定する大阪府労働委員会の救済命令が出された。通産省や建設省などとの行政交渉が活発におこなわれ、国会議員団が関生支部の職場や工業組合に調査に訪れる。連帯ユニオンがよびかけて政労使セミナーが毎年開かれ、愛知、新潟、長野、九州、四国に組織が広がった。

一九九〇年代、立ち直った関生支部は新たな発展の時期を迎える。

一九九〇年代――大阪広域協組の発足

一九九〇年代初め、世界政治においては米ソ超大国の冷戦が終わり、競争原理万能の新自由主義時代がはじまる。日本でもバブル経済が崩壊。戦後長くつづいた自民党一党独裁時代が終わり、政治も経済も大きな転換期に入った。

生コン業界も崖っぷちに立たされていた。一九八〇年代を通じて増えつづけた工場数はじつに五〇〇〇工場を超え、すでに一〇〇社以上が倒産、廃業していた。なかでも激戦区の大阪は深刻で、倒産、廃業は全国最多の三五社に及んだ。業界まるごと崩壊しかねない事態に追い込まれていたのである。

当時、大阪府下には、大阪市中心部のほか周辺の地域を東西南北の五つの地域に分けて五つの生コン協同組合があった。しかし、どの協同組合も安売り競争で脱退する業者があいつぎ、組織率はいずれも三割前後という惨憺(さんたん)たるありさまだった。アウト業者のほうが出荷量も多く、隣接する協同組合の営業エリアへの越境も横行していた。

そんな状況で協同組合が共同受注・共同販売をかかげても、建設会社が相手にしてくれるはずがない。販売価格は表向きは一リューベ一万二〇〇〇円だが、実勢価格は九〇〇〇円台。原価割れとなっていた。また、業界の信用もきびしく問われていた。猛スピードで走る新幹線の橋脚(きょうきゃく)や、庶民にとっては夢のマイホームとなるはずのマンションに、品質不良の「しゃぶコン」が使われているおそれがある、場合によっては崩壊する危険もありうる。そんなスクープを週刊誌が取り上げ、社会問題に発展していたからだ。

販売価格の適正化による業界再建と信頼回復は待ったなしの状況だった。

この時期、組織を立て直した関生支部は、ストを背景に一九九〇年から三年連続で三万円台突破の賃上げという成果をあげ、業界に対する攻勢を強めていた。業界は労使関係のうえでも追い詰められていたのである。

まさに前門の虎、後門の狼ともいうべき窮地に立たされて、業界の幹部たちは思い切った行動に出た。不毛な労使対立の時代に終止符を打つ決断を下し、「業界再建のために力を貸してほしい」と関生支部に申し出たのである。

それは一八〇度の転換だった。どん底にあった業界は経営側の力だけでは再建できない。労働組合の協力が必要だ。そのリアリズムから業界幹部は労働側に頭を下げたのだった。

関生支部もこれを真剣に受け止めた。業界再建には中小企業と労働組合の協力関係が必要であることを業界全体で教訓化すること、労働組合との対話再開を業界として決議することを条件に、ふたたび政策的な協力関係にふみだす決断を下した。

ここから業界再建にむけた労使の二人三脚の活動がはじまる。労使共同の政策セミナーを開いて業界再建の政策を練りあげ、通産省に業界幹部と労働組合が一緒に出かけて協力を要請した。一九九四年春闘の自動車パレードでは、業界幹部と労働組合が宣伝カーの上にそろい踏みして、業界再建に力を合わせようと組合員に訴えた。

一九九四年一一月、大同団結をうたって五つの協同組合が組織統合を図り、大阪広域生コンクリート協同組合を発足させた。これが現在の大阪広域協組のはじまりである。

一九九五年一月、阪神淡路大地震が発生し、死者五〇〇〇人以上、たくさんの方々が家を失う大震

倒壊した阪神高速道路

災となった。

この震災は、バブル経済でジャパン・アズ・ナンバーワンなどと持ち上げられ、日本ほど安全・安心な国はないといい気になってきた世の中のありかたを見直すきっかけにもなった。それを象徴したのが、阪神高速道路や山陽新幹線などが地震で無残に倒壊（とうかい）した姿だった。すぐ近くに建ち並ぶ木造住宅にはたいした被害がなかったのに、である。

コンクリートの安全神話があっけなく崩壊したのはなぜか。連帯ユニオンはすぐさま実態調査をおこなった。その結果をもとに、コンクリート工学の権威で千葉工大教授の小林一輔（かずすけ）（故人）、構造設計の専門家で近畿大学教授の須賀好富（すがよしとみ）（故人）、建設省元技官の戸谷英世（とたにひでよ）、読売新聞社会部長の山室寛之（やまむろひろゆき）の各氏とともに公開シンポジウムを開き、倒壊原因は「想定外の地震の大きさ」ではなく、業界の過当競争構造が生み出す品質不良や手抜きだったことを実証的に明らかにした。そして、適正価格、安定供給、品質確保を実現する業界再建にとりくまなければ、いつでも同様の事態がおこりうると警鐘を鳴らしたのである。

翌一九九六年、大阪広域協組が本格的に営業活動を開始すると、連帯ユニオンは業界再建の必要性と政策を国交省や各自治体に訴えながら、有力なアウト業者を説得して大阪広域協組に加入させる活動をすすめた。

大阪広域協組の発足にともなって集団交渉も復活した。

日本では個別企業単位の団体交渉がほとんどだが、労働組合が労使関係をもつ企業すべてに参加をよびかけ、企業の枠をこえた業界全体の労働条件や政策課題について集団的に協議する方式を集団交渉とよぶ。

企業ごとに労働条件がばらばらだと労働コストに格差が生まれ、企業の安売り競争の温床となる。どの企業で働いていても生コン労働者なら同じ労働条件で働くことを労働組合がめざすのは、労働者同士の競争をなくすためだ。しかし、目的はそれだけではない。労働条件を統一することで業者間の労働コストが平準化され、安売り競争を抑制することにつながるからだ。

関西の生コン業界では一九七〇年代から集団交渉方式が定着してきたものの、セメントメーカーや財界は労働者同士を、そして中小企業同士を分断支配したいから集団交渉を嫌い、壊しにかかった。その結果、先にみた第一次権力弾圧を機に集団交渉は途絶えていたのだが、これを復活したのである。具体的には、大阪広域協組そのものは経済事業者団体で交渉当事者になれないので、加盟業者によって「飛鳥会」という交渉団体を発足させた（のちにこの飛鳥会は全社加入をめざす「大阪兵庫生コン経営者会」（経営者会）に発展する）。

これに対し労働側は、関生支部、生コン産労、全港湾大阪支部の三労組で「生コン産業政策協議会」（政策協議会）を結成。経営者会と政策協議会で集団交渉をおこなうことになった（ちなみに、関生支部から分裂した建交労関西支部、全化同盟（現在はＵＡ関西セメント労組）の二労組は政策協議会に参加しなかった）。

そして、この集団交渉が中小企業と労働組合の協力関係の新たな土台となっていくのである。

近畿一円に広がる労使の協力関係

一九九七年、労使の精力的な活動で大阪広域協組の組織率は八五パーセントにまで高まり、一万四三〇〇〇円の販売価格を打ち出せるようになった。代金支払いもそれまでは「半金半手」（半分は翌月振り込みだが、残り半分は三～六か月の手形による支払い）が当たり前だったが、全額現金払いが実現した。

また、業界初の瑕疵担保保証制度（品質不良があった場合は大阪広域協組が全額保証する制度）を導入することでアウト業者との差別化も図った。

週休二日制も導入して年間休日は一二五日とした。週休二日制は直接には労働者の労働条件を改善して業界の魅力を高めるものだが、土曜日いっせいの工場休業はゼネコンとの力関係を協同組合側に有利に変える側面をもっている。

こうした制度設計のもととなる政策は、いずれも大阪広域協組と政策協議会の集団交渉から生まれたものだった。

中小企業と労働組合が協力すれば、業界再建は可能だ。ゼネコンと対等な取引関係をつくることもできる。それを実証した大阪広域協組のモデルは、近畿地方の生コン業者や関連業界の共感を呼んだ。二〇〇〇年代になると、和歌山、京都、奈良、滋賀など近畿一円で、生コン業界と労働組合の政策セミナーや労使懇談会が始まる。

さらに、原材料のセメントを運ぶバラセメント輸送業者の協同組合、生コン工場の下請業者にあたる生コン輸送業者の協同組合も設立された。建設現場で生コン打設工事を担当するコンクリート圧送業においても労働組合が結成され、生コンを手本にした業界と労働組合の協力関係がスタートした。

中小企業が協同組合のもとにまとまって、共同事業をすすめるには多くの困難がともなう。企業はおたがいに競争し合って生きてきたし、社長はそれぞれ一国一城の主だからだ。しかし、その個性の強い各企業の社長たちが相互扶助の意義を理解してエゴを抑えなければ、協同組合の共同受注・共同販売事業は成り立たない。この協同組合の活動スタイルは、競争相手をつぶしてのし上がった人物ほど賞賛される資本主義の競争原理とは正反対のものだ。だから、一筋縄ではいかない。

短期間のうちに近畿一円で、しかもさまざまな生コン関連業種において中小企業の結集がすすんだ理由は、労働組合が協力して桶のタガのような役割をはたしたこと、そして、労働組合、とくに関生支部が抜群の行動力でリードしたことにある。それは重要な教訓といっていいだろう。

労働組合にとっても、再チャレンジとなる業界再建活動には新たな質が求められていた。

生コン業界の構造的矛盾に立ち向かい、中小企業を協同組合に団結させることが自らの雇用・労働条件を維持・発展させるために絶対的に必要だ。賃金・労働条件交渉の枠にとどまることなく、セメントメーカーとゼネコンという大企業に振り回されてきた業界を中小企業と労働者の利益にかなった業界につくり変える。それが一九八〇年代初頭までに関生支部が体得した産業政策の基本的原理だ。

しかし、これだけでは生コン業界の内向きな議論であって、労使の談合じゃないかと陰口をたたかれるかもしれない。しかしそうではない。安売り競争をなくすということは、たんに労使の利益を確保するためではなく、阪神大震災の教訓をふまえ、適正価格によって生コンの品質を高めて社会から信頼される産業に変えることを明確に打ち出したものだ。その観点から、欠陥生コンや品質の手抜きを業界からなくすための調査や告発運動、自治体やメディアへの問題提起に精力的にとりくんだ。

少しでも多く給料がもらえたらそれで満足という労働者のままではいけない。そう位置づける政策学習をくりかえすことで、組合員は自覚と確信をもって活動にのぞんだ。

だから、協同組合の組織化をリードしてきたのはわれわれだという強い自負が、関生支部の多くの組合員にはある。

二〇〇〇年代——二回目の権力弾圧

一九九七年、アジア通貨危機を発端とする金融危機が世界に広がった。国境をこえた資本のグローバル競争の荒波が、戦後長くつづいた日本の産業経済のしくみをはげしく揺さぶり、容赦ない変革を迫ってくる。

国策銀行の日本長期信用銀行や老舗の山一証券、さらには中堅ゼネコンの倒産が連鎖。二〇〇〇年、「痛みを伴う構造改革」をかかげて登場した小泉純一郎内閣のもとで規制緩和と大リストラがはじまる。コスト・カッターの異名を取った日産のカルロス・ゴーンが華々しく登場したのもこの時期だ。

セメントメーカーも生き残りをかけて合併や業務提携に踏み切り三大メーカーに集約される（住友セメントと大阪窯業の合併による住友大阪セメント、日本セメント（アサノ）と小野田、秩父の実質三社合併による太平洋セメント、三菱マテリアルと宇部興産による共同販売会社・宇部三菱セメント）。

メーカーはさらに、物流コスト削減を目的として「ＳＳ渡し方式」の導入を強行した。これが生コン業界の工場新増設と安売り競争に拍車をかけることになる。

北海道、九州、中国地方などに位置するセメント製造工場で生産されたセメントの大半は、全国各地の湾岸地帯に置かれたメーカーのＳＳ（サービスステーション＝貯蔵出荷基地）に、メーカー所有の大型タンカーで海上輸送される。ここまでが一次輸送で、その先の二次輸送は、メーカーから委託された専属輸送業者がタンクローリー型のバラ車と呼ばれる車両にセメントを積み込んで、エンドユーザーとなる生コン工場や建設現場に運ぶ。

この従来方式だと輸送コストは一次も二次もすべてメーカー負担だ。そこでメーカーは、この二次輸送コストをばっさりと削減するために、ＳＳ以降の二次輸送はエンドユーザー負担とする方針を強行した。つまり、これまでは買っていただくお客様のところまでメーカーの責任でお届けしたが、今後はお客様がご自分で輸送業者をチャーターして買い取りに来てください――これが「ＳＳ渡し方式」だ。

専属輸送業者は猛反発したがセメントメーカーは新方式への切り替えを強行した。すると、規制緩和で新規参入した輸送業者が採算割れの運賃でＳＳに押し寄せて仕事を奪い合い、アウト業者がその輸送業者を使う。中小企業と労働組合の協力でつくりあげた成果を掘り崩すアウト業者がみるみる力をつけ、安売りを武器に大阪広域協組の仕事を奪っていく。

アウト業者は大阪広域協組の設定価格を下回る値段で受注を増やし、自社の売上げを増やしたいセメントメーカー、そして安値で買いたいゼネコンがそれを後押しする。この悪循環を放置すれば大阪広域協組の崩壊につながりかねない事態だ。

　これに対し関生支部は、バラセメント輸送業者の協同組合結成といった政策を矢継ぎ早に打ち出す一方で、二〇〇二年には関西全域のセメント出荷基地五八か所でストライキを決行した。生コンの有力なアウト業者一七社に働きかけて「懇話会（こんわかい）」という組織をつくったのもその政策のひとつ。不毛な価格競争をやめて大同団結すべきだと説得を重ねた。

　一七社加入が実現するかにみえた二〇〇五年一月、大阪府警がこの活動を「強要未遂」「威力業務妨害」だと決めつけ、武委員長をはじめ七人の関生支部役員を逮捕するという権力弾圧事件がおきた。産経新聞など一部メディアは「生コン業界のドン逮捕」「業者を恐怖で支配」などとセンセーショナルな大見出しを付けて逮捕劇を報じ、「横領（おうりょう）疑惑」などとして背後に武委員長に金銭疑惑があるかのように思わせるキャンペーンまで張った。

　もちろん「横領」の事実などあるはずもなく、明白な濡れ衣（ぬれぎぬ）であった。警察も検察もさすがに事件にしようがなかったのだが、武委員長ら役員は、弁護士以外は家族であっても接見禁止という人権侵害を受けたうえ、裁判がはじまっても保釈されず、一年近くも拘置所に勾留されたのである。多くのジャーナリストや学者が「国策捜査」「人質司法」と批判の声明を出した。

　セメントメーカーはこの弾圧事件に乗じて、「連帯の時代は終わった」と吹聴（ふいちょう）。「これからは建交労の時代だ」などと持ち上げて、建交労関西支部に工場の土曜稼働を認めさせることに成功した。大阪広域協組の役員人事にも介入して、セメント価格の値上げを三度にわたって呑ませた。

発足から一〇年。労使の協力でつくりあげた大阪広域協組は、弾圧事件の隙をついたセメントメーカーの立ち回りで安売りの道具に変質してしまうのである。

かくして、またもや値崩れがはじまる。そして、生コン価格がみるみる下降線をたどり始めた二〇〇八年、世界を揺るがすリーマンショックがおきた。

業界はふたたび崩壊の淵に立たされる。二〇一〇年夏には、セメントメーカーのひとつ、トクヤマ（旧・徳山曹達）の直営子会社で、関西で四工場をもつ徳山生コンでさえ、推定負債総額二六億円を抱えて倒産に追い込まれていくのである。

歴史的な集会

関生支部が、一九八〇年代初頭に次ぐ二回目の大権力弾圧で大きな打撃を受けたのは事実だ。しかし、幹部も組合員もまったくへこたれなかった。リーマンショックがもたらした危機のどん底に、すぐさま新たなチャンスを見いだし、反撃を組織していくのである。

二〇一〇年の春闘では一万五〇〇〇円の賃上げを要求。出荷量が激減して賃上げどころではないと言い訳に終始する経営者会に対し、賃上げ原資はあると次のように真っ向から反論した。

大阪広域協の前年出荷実績はおよそ二六〇万リューべ。横行するダンピングで一リューべ当たりの値引きが二〇〇〇円なら業界全体で毎年五二億円、四〇〇〇円なら毎年一〇〇億円以上もドブに捨て、一社当たりに換算すれば四〇〇〇万円もの損失を出している計算になる。不毛な値引きを止めれば経営危機も改善できるし、賃上げ原資も生みだせる。

仕事量が減っていることに危機の本質があるのではない。ゼネコンやセメントメーカーの言いなりで原価割れの現状に甘んじていることこそ問題であり、採算がとれる適正価格を実現することが労使共通の利益だ。いまこそ適正価格実現のために労使が力を合わせるときだ。

ここにも企業の枠をこえた産業別労働組合の面目躍如(めんもくやくじょ)たる論理がある。

企業別労働組合は企業内でものを考えるから、企業間の競争を容易には変えられないものという前提に立つ。だから、不況で激化する企業の生き残り競争に直面すると萎縮(いしゅく)し、企業存続のためという大義名分で要求提出さえ見送る労働組合が続出する。これでは労働者に我慢を強いるばかりか、企業間の生き残り競争を助長して事態をさらに悪化させることになってしまう。

関生支部はこれとは正反対の観点に立って、「賃上げ圧力」をバネに企業を説得したわけである。労働者に犠牲を押しつけてその場を切り抜けようとするな。目線を危機の原因にこそ向けるべきだ。値引き競争を止めて適正価格を実現しなければ、労使は共倒れだ。

三月にはじまった春闘は長期化したが、適正価格実現にむけた労使の共同行動に打って出ようという機運が、次第に大阪広域協組に、そして関西全域に広がっていった。

二〇一〇年六月二七日、「生コン関連業界危機突破！　総決起集会」が大阪なんばのスイスホテル南海大阪で開かれた。広いホールは「危機突破」という鮮やかな赤い文字のハチマキを締めた二三二〇人もの参加者で埋め尽くされ、熱気が充満していた。

この集会は、全国生コンクリート工業組合・全国生コンクリート協同組合連合会近畿地区本部が中心となった実行委員会がよびかけ、経営側は大阪広域協組をはじめとする近畿二府四県の工業組合や協同組合、さらにはセメント輸送や圧送業者といった生コン関連業界の協同組合など一六団体が、また、労働側からは関生支部をはじめとする生コン関連労組が結集。労使が一堂に会する歴史的な集会となった。

「業界はかつてない危機に直面している。過当競争の行き着く先は原価割れ。労使が互いの力を結集してこの危機を突破しなければ未来はない」「生コン価格については、ユーザーに決めてもらうのではなく、〝自分たちで作る製品は自分たちで価格を決める〟」。経営側を代表してあいさつに立った猶克孝近畿地区本部長は訴えた。

労働側からは関生支部の武委員長が「労使が心をひとつにして目標に向かって闘い抜こう」とよびかけ、大阪広域協組の武富起久夫専務理事も「組織の存亡を賭けて、新価格・出荷ベースに不退転の決意でとりくんでいく」と表明した。

そして、「七月一日から適正価格一万八〇〇〇円の収受」「契約形態を出荷ベースに変更」(注)を決議。集会を終え、労使の代表を先頭になんばの繁華街をデモ行進した。

翌日から、各地の協同組合は、ゼネコンや商社に対して「七月一日から新価格・契約形態の変更実施」をいっせいに通知した。

四か月のゼネスト

この事態に驚いたゼネコン、商社、セメントメーカーは、要求を取り下げなければ納入代金の支払い停止や損害賠償請求で対抗すると匂わせた。

脅しをかけられた大阪広域協組は激しく動揺した。

これを見た関生支部はただちにストライキ突入を決定。七月二日から生コン産業政策協議会として大阪広域協組加盟八〇工場で、次いで五日から阪神協組加盟二九工場、さらに六日からバラセメント輸送、そして一二日からは建設現場で生コンを打設する圧送業者の労働組合が無期限ストライキに入った（建交労関西支部とUA関西セメント労組は「話し合い解決」を主張してストに入らなかった）。

新聞はストで大阪府下の主な建設工事の八割がストップしたと報じ、各局のテレビカメラが工場前でピケットを張る組合員たちの姿をお茶の間に伝えた。

熱い夏、ストは長期化した。工場で連日ピケを張る組合員は、だれもかれもが真っ黒に日焼けした顔になっていく。

やがて、八月から九月にかけて大阪広域協組が打ち出した新価格（既存の契約物件は一万六三〇〇円、新規契約物件は一万六八〇〇円）を受け入れると表明するゼネコンがあいつぐ。組合側は、受け入れたゼネコンが新価格で実際に支払ったことを確認できた段階で出荷を再開した。

最後まで交渉が難航したのは、在阪スーパーゼネコンのツートップ、大林組と竹中工務店だったが、それ

〈注〉出荷ベース契約：生コンの販売代金は「契約ベース」で長年支払われていた。しかし、一定の規模以上の建設工事の場合、売買契約を交わしてから実際に工事開始で生コン納入となるまでに二〜三年かかることは珍しくない。その間に砂利や砂、あるいはガソリンなどの値段が上がっても、値上がり分を契約時の価格に上乗せできず、生コン業者側が負担せざるをえない。「出荷ベース」に変えれば、実際に生コンを出荷する時期の原材料価格や経費を織り込んだ価格で納入できる。

も九月二四日に新価格受け入れを表明。だが、ここでも新価格での支払いが確認できるまでストは続行する方針を決め、一二月一七日、一三九日ぶりにストライキは解除された。

六月の労使総決起集会を皮切りに、生コン業界史上最長四か月のゼネストは歴史的な勝利で終った。労働運動史に残る成果といっても過言ではないだろう。

ストライキ期間中、組合員は完全に無収入だった。もちろん生コン業者も売上げゼロ。それに耐え抜き、ようやく手にした勝利だった。労働組合はもちろん、業界全体が沸(わ)き立った。

関生支部は息つく間もなく、大阪の成果を関西全域に拡大すべく周辺県の協組への働きかけを本格化していく。

ところが、喜んだのもつかの間、年末に信じがたいことがおきる。

大阪広域協組が「ストは労働組合が勝手にやったこと」とうそぶいて、大手ゼネコンが受け入れた新価格を自ら白紙に戻してしまったのだ。ゼネコンやセメントメーカーの巻き返しが背景にあることはあきらかだった。

年が変わった二〇一一年四月、大阪広域協組の新理事長に就任した木村貴洋氏は「長期ストで失われたゼネコンからの信頼回復に全力でとりくむ」と表明した。

木村新理事長は当時、セメントメーカーの子会社で六つの生コン工場をもつ関西宇部の社長だった。労使協定を守らない、率先して安売りに手を貸すといった行動に対して関生支部が抗議行動やストライキにとりくんだところ、前年に権力弾圧事件をしくんだ実績の持ち主だった。

そう、この木村新理事長は、現在、関生支部攻撃の旗を振る、あの木村貴洋氏である。のちに木村氏は関西宇部を退職するのだが、理由は不明だ。ところが二〇一五年七月、関生支部が縁の下の力持ちになって、大阪広域協組、阪神協組、レディミクスト協組などの「大同団結」が成功したのち、地神副理事長らにかつがれて、所属企業をもたない「員外」という立場で大阪広域協組の理事長に再任されるのである。

われわれには力がある

関生支部が一貫して追求してきたのは、ひとことでいえば生コン産業のしくみを改革する運動だ。ゼネコンやセメントメーカーの利益追求のために中小企業と労働者が犠牲にされ、不正と品質不良が横行する。そんな業界のあり方はもういいかげんにやめよう。この業界は中小企業とそこではたらく労働者で成り立っている。その主人公が力をあわせて安定した業界に、そして不正と不良が横行する業界を社会と消費者に役立つ産業に変えていこうじゃないか。

それは可能だということを関生支部は実証してきた。

しかし大資本と権力は、中小企業と労働組合が手を組んで対抗することを嫌い、分断支配をつづけたがる。

日本の政治・経済・社会の特徴はピラミッド状の重層下請構造にあるからだ。たとえば自動車産業もそうだ。王様のように君臨（くんりん）するトヨタ、それを支える膨大（ぼうだい）な数の中小企業は幾重（いくえ）にも下請化され、富士山のすそ野のように広がる。それでこの国は成り立っているんだから、しもじもがその秩序を変えようなんてけしからん。ましてや、辺野古だ、脱原発だなどと労働組合が政治にまで口出しするようなまねは許さんぞ。労働組合は企業のなかで賃上げ交渉だけやってればいいんだ。――それが弾圧がくりかえされる理由だ。

だが、そうはいっても大企業と中小企業のあいだの矛盾をなくすことなどできっこない。だから、いくら関生支部を悪者に仕立てて弾圧しても、すぐさまあらたな運動は生まれてきた。おおざっぱにふりかえってみた歴史は、そのことも私たちに教えている。失敗しても、ふみつけられても、私たちがあきらめなければ、労働者は、労働組合は、それだけの力を発揮できる。

労働組合は賃金や労働条件を引き上げるのがしごとだ。でも、それだけじゃない。労働者が人間らしく生きられる世の中を子どもたちに残したい。だとすれば、貧困や格差といった社会のゆがみを正し、権力者の不正や腐敗を糾す。そして戦争は絶対にさせない。それは全世界共通のれっきとした労働組合の使命だ。

道はいつも曲がりくねっていて険（けわ）しい。しかし、たたかいをやめなければ前途に希望はある。私たちは決してうなだれて下を向くことはない。膝（ひざ）を折ることもない。これまでどおり胸を張っていくだろう。関生支部はその最先頭を走りつづけるだろう。

さらに
理解を深めるために

レイシスト人物録

安田 浩一

企業の要請を受け、右翼や暴力団が労働争議に介入するのは、これまでも珍しいことではなかった。暴力を背景に、争議当事者へ脅しや恫喝を加えた事例は枚挙にいとまがない。

戦前から右翼の一部は〝労組潰し〟に血道をあげていたし、戦後の一時期にいたっては、政府関係者が直接、アウトロー勢力に〝支援〟を依頼することもあった。法務大臣が〝労組・左翼対策〟として、暴力団、テキヤ、右翼の大同団結を促した「反共抜刀隊」構想などは、その一例であろう。少なくとも、暴力団や右翼が労働運動の〝味方〟であったことはない。彼らは常に政府や経営側の補完勢力であり続けた。

生コン業界も例外ではない。関西の生コン業界で労働運動が産声を上げたのは一九六〇年代初頭だが、その頃より、労組は暴力の威嚇を受けてきた。

「オマエくらい殺るのはわけない。せいぜい二年で仮釈放や」

ナイフを手にした暴力団員からこのような脅しを受けた経験を持つのは、現在、関西地区生コン支部（関生支部）の委員長を務める武建一だった。武がまだ生コン工場に勤めはじめたばかりのころの話だ。労働組合に加入したことで、経営者の意を汲んだ暴力団員から恫喝されたのである。

武は、七〇年代にも労働争議の過程で暴力団員に拉致されている。手足を縛りあげられたうえ、全身を殴打されるといったリンチを受けた。

このように、生コン支部にとっての労働運動とは、その少なくない時間が、暴力団や右翼との闘いに費やされた。真っ当な労働運動が育てば育つほど、真っ当でない経営者は警戒する。意に沿わぬ者たちの排除を企む。不当な手段と暴力をちらつかせる。

そうした意味において、いま進行している事態は、過去に起きた右翼・暴力団による〝労組潰し〟と同じ流れにある。

これまでと違うのは〝労組潰し〟に加担したのが、ヘイトスピーチを主導してきた人種差別主義者たち（レイシスト集団）である、という点だ。

もちろん右翼であることに変わりはない。一方で、この集団は在日外国人などマイノリティに対する差別と偏見を煽り、労働運動のみならず、地域社会に分断と亀裂をもたらしてきた。さらにはネットという媒体を用いて、いわゆる「ネトウヨ」（ネット右翼）と呼ばれる層からの支持を集めてきた。社会の一部に差別に同調し、労働運動などあらゆる社会運動を中傷、否定、嘲笑する空気があることを、彼らは知っている。その影響力はけっして無視できるものではない。

だからこそ――これを単なる争議の一風景だとして傍観するわけにはいかないのだ。

経営者がレイシストへ養分を与え続けることを黙認すれば、それは社会が自らの首を絞め続けることにもなる。レイシストが肥え太る社会であっていいはずがない。

差別と偏見は社会を歪める。ヘイトスピーチは人と地域を壊していく。

それを食い止めることが、闘うことが、私たちの役割だ。

私が彼らの姿を初めて目にしたのは二〇〇七年一一月二九日、宇都宮地裁（栃木県宇都宮市）の門前だった。

＊　＊　＊

在日外国人の労働問題について取材していた私は、オーバーステイ（超過滞在）の中国人実習生が、栃木県警の警察官に発砲されて死亡した事件を追いかけていた。

過酷な労働現場から逃げ出した中国人が、同県西方町（現在の栃木市）で警察官の職務質問を受けた。定められた在留期間を過ぎていた中国人はその場から逃走を図るが、警察官に追い付かれてもみあいとなる。危険を感じた警察官は、威嚇射撃することなく拳銃を中国人に向けて発砲した。結果、腹部に被弾した中国人は搬送先の病院で死亡した。

中国人の遺族は、発砲した警察官を特別公務員暴行陵虐致死罪で告訴したが、その裁判（第一回公判）が同日、おこなわれたのである。

開廷前に裁判所内で知人と雑談していると、どうも外が騒がしい。何があったのかと職員に訊ねたところ、「原告の中国人遺族に抗議するため、右翼が来ている」とのことだった。

裁判所の外へ出てみると、私の視線に飛び込んできたのは、一般的な「右翼」のイメージとは程遠い、普段着姿の集団だった。若者もいれば、高齢者もいる。女性の姿も少なくなかった。

異様だったのは、彼ら彼女らが掲げるプラカードと、そこに踊る文字だった。

「不逞シナ人を追い出せ」

「発砲されて当然だ！」

さらに「シナ人の射殺を支持するぞ！」といったシュプレヒコールが繰り返される。遺族側の弁護士が裁判所に入ろうとすると、途端に「シナの犬！」といった罵声（ばせい）が集団から飛ばされた。

そのころ、まだヘイトスピーチという言葉は一般的ではなかった。憎悪をむき出しにした排外主義を、私はそのとき初めて視界に収めた。

その集団のなかにいたのが、瀬戸弘幸（六六歳）と有門大輔（ありかどだいすけ）（四四歳）である。現在、「関西生コン討伐隊」などと名乗りながら、生コン支部攻撃の先頭に立って活動しているのが、この二人だ。

宇都宮地裁における私と彼らとの〝出会い〟の場面は、いまでも動画サイトに残っているので、恥を覚悟で正直に打ち明ける。

口論を吹っ掛けたのは私の方だ。私は彼らの抗議活動に腹が立って仕方なかった。

瀬戸はマイクを手にして「(亡くなった中国人は）ATMを破壊した」と訴えていた。まったくのデマである。そうした露骨な外国人差別を黙って見ているわけにはいかなかった。

「うるせえ」「馬鹿野郎」

動画には怒鳴り散らすだけの私の姿がはっきりと映っている。とても取材者としての態度ではないが、正直に言えば反省もしていない。「シナ人は射殺されて当然」などと平気で口にできる彼らに対し、いまでも私の怒りは収まっていない。

＊　＊　＊

瀬戸はネオナチの極右活動家として知られた存在だ。福島のリンゴ農家の生まれで、少年時代からヒトラーの信奉者だったという。

もともとは福島市役所の職員だったが、二〇代の頃に地元の右翼団体「憂国青年同志会」に加入、その後、同会の会長に就任している。七〇年安保の際には、新左翼党派との〝衝突〟を繰り返した。

上京後は、「反ソ統一戦線義勇軍」の旗揚げに参加、さらにジャーナリストとしても活動しながら、「国家社会主義同盟」の設立にも関わった。同団体は文字どおり、日本版ネオナチ組織である。九〇年代初頭、同団体は主に中東系外国人の排斥を訴え、カギ十字をあしらったビラを各所に張り出すといった活動をおこない話題となった。

ちなみに八七年の「朝日新聞阪神支局襲撃事件」では、瀬戸も「(襲撃犯である)赤報隊の可能性のある人物」として、捜査対象となった(言うまでもないが、瀬戸は事件との関りを否定している)。

今世紀に入ってからは活動の〝主戦場〟をネットに移し、ブログを通して差別と偏見に満ち満ちた言説をばらまいた。

その過程で瀬戸が急接近したのが「在特会」(在日特権を許さない市民の会)である。在特会はネットに差別的な書き込みを続けていた桜井誠によって二〇〇六年末に設立されたレイシスト集団だ。当初はネットから離れることのない文字通りの〝ネトウヨ〟の寄せ集めだったが、その後、オフ会ノリで街宣活動もおこなうようになった。大阪・鶴橋、東京・新大久保などの在日コリアン集住地域で、「朝鮮人を殺せ」「追い出せ」と叫びながら旭日旗を振り回す醜悪な隊列を、ネットの動画サイトやテレビ報道で目にしたことのある人も多いことだろう。代表の桜井は日本におけるレイシストの〝顔〟であり、在特会は〝象徴〟ともいうべき団体だった。

その桜井は、自分に影響を与えた人物のひとりとして、瀬戸の名を挙げている。

さらに瀬戸も桜井を「生まれるべくして生まれ、出るべくしてこの世に忽然(こつぜん)と現れた」「現代のカリスマ」「英雄と呼ばれるに相応しい男」「桜井誠の夢は私の夢でもある」などと歯の浮くようなおべんちゃらで応じている。あげくには『現代のカリスマ、桜井誠』なる書籍まで発行するのであった。

外国人差別の思想を媒介とした蜜月関係はいまでも続いており、桜井が在特会を脱会して立ち上げた新組織「日本第一党」に、瀬戸は最高顧問なる肩書で迎え入れられた。

行動右翼からネトウヨまで、斯界の様々な団体に関係し、さらにはメディアの世界にも食い込んでいる瀬戸だが、一貫しているのは、外国人排斥を訴える排外主義を唱え続けていることだ。

レイシスト集団による差別デモの現場で、ハーケンクロイツの旗が振り回されることは珍しくないが、これは瀬戸の影響を受けた者たちによる示威行為だ。

瀬戸はヒトラー信奉者であることを隠していない。

九〇年には『ヒトラー思想のススメ―自然と人類を救済するナチス・ヒトラー世界観の120％肯定論』なる書籍を篠原節（やはり日本のネオナチの草分けと言われる人物）との共著で出しており、一四年にはヒトラーの誕生日に合わせて「アドルフ・ヒトラー生誕祭」の開催を企画し、物議を醸したこともあった。これは結局、世間の非難を浴びて中止に追い込まれたのであったが、瀬戸は自らのブログで「ハーケンクロイツの旗とヒトラー総統の肖像画を掲げ、ホルストベッセルのナチス党歌を流し、ワインで乾杯してナチス式の敬礼という、厳かな儀式として取り扱う予定でした」と述べている。まさにナチスの〝狂信者〟といってもよいだろう。

そんな瀬戸に二〇年近くも付き従ってきたのが、前述の有門である。彼は自らも「外国人犯罪追放運動」なる団体を率い、瀬戸の庇護下で差別扇動の旗を振り続けてきた。

大阪出身の有門は会社員を経て、二一歳の時、極右の道に入る。きっかけは、たまたま目にした民放テレビのドキュメンタリー番組だった。

有門は、私の取材に次のように答えている。

「その番組は、外国人追放を訴える極右団体がテーマだった。番組では団体の活動を批判的に取り上げていたが、私はむしろ団体の主張に共鳴してしまった。日本にも外国人追放を堂々と訴える人たちがいるのかと衝撃を受けた」

「このまま外国人が増えていけば日本はどうなるのだろうかという不安があった。いずれ日本が外国人に乗っ取られてしまうのではという危機感もあった。潜在的に排外主義の思想が芽生えていた時期に番組を観て、すぐに仲間に加わりたいと考えた」

有門はすぐに会社を退職し、上京する。番組で取り上げられた団体の事務所を訪ねると、迎えてくれたのが瀬戸だった。住む場所のなかった有門は瀬戸の部屋に転がり込み、書生のような形で運動を学ぶ。以来、瀬戸に寄り添うようにしてレイシストの道を歩んできた。

有門は私の問いにこうも答えている。

「目指しているのは排外主義。日本は確実に外国勢力に侵食されつつある。我々の祖先は戦前に朝鮮半島でも中国大陸でもインフラを整備してきた。しかし、中国人や朝鮮人は日本のために何をしてくれたというのか。外国人が差別されているなんて幻想にすぎない」

何から何まで間違った言説だ。「インフラ整備」は日本のためにおこなわれたのであるし、そもそも彼は外国人に対して「出ていけ」と叫ぶ以外に何もしていない。彼の方こそ「幻想」のなかで勝手に敵を見つけているだけだろう。

結局、瀬戸との徒弟関係はそのまま生コン支部攻撃の現場にも引き継がれ、いま、ふたりは生コン経営者団体の主張を代弁するスピーカーとして〝活躍〟している。

さらに、このふたりとともに生コン支部攻撃の隊列に加わっているのが、これまで瀬戸や在特会などと差別デモに加わってきた者たちだ。要するに筋金入りのレイシストということになる。

〝現場〟において瀬戸と並んで目立つのは、右派活動家・渡邊臥龍の姿である。

渡邊は「日本の心を学ぶ会」「パチンコ廃止を求める会」「牢人新聞」などの団体を率いているが、これまでに新大久保でおこなわれた差別デモをはじめ、数多くのヘイト活動に参加してきた。「素浪人」を名乗り、国士然とした物言いをすることで知られるが、彼も結局、日がなネットに依存したネトウヨ体質であることは間違いない。ある古参の右翼活動家は「以前はもう少し骨のある人物だと思ったが、いつのまにかネトウヨに流れてしまった」と苦々しい表情を浮かべた。

象徴的な〝事件〟がある。

渡邊が自身のブログに「国賊有田芳生に天誅を加えむ」というタイトルの記事をアップしたのは一七年四月のことだった。有田はヘイトスピーチに対し、ときに体を張って抗議してきた参議院議員である。多くのネトウヨ、レイストにとっては「敵」と認知された存在だ。

渡邊は同記事で、一九六〇年に日本社会党の浅沼稲次郎委員長が右翼少年に刺殺された時の写真や、自身が少年の墓に参った際の写真を掲載した。明らかに「テロ」を示唆したものである。さらに「本日未明に有田芳生の自宅に突入」などとツイッターでもつぶやいた。

これを受けて有田は警視庁に脅迫容疑で告訴。渡邊は同容疑で書類送検された。

ブログやツイッターで〝襲撃予告〟するという様式そのものが、まさにネトウヨである。

その一方、現場においてはアクティブな活動家でもあり、一八年七月一〇日には生コン支部の車両の屋根によじ登り、飛び跳ねるなどして、器物損壊容疑で逮捕されている。その時の写真はネット上にもアップされているが、車両の上で尻を突き出し、笑顔でふざける渡邊の姿からは、国士、愛国者、民族派の矜持（きょうじ）といったものは何一つ伝わってこない。ただただ軽薄であるだけだ。

ある意味、これがネトウヨと呼ばれる者たちの特徴でもある。常に口元を緩め、笑いながら他者を中傷し、差別する。各地でおこなわれている差別デモを目にすれば、それは明らかだ。彼ら、彼女らはいつも「笑っている」。

私が定期的に通っている沖縄でも、彼らの姿を見ることがある。米軍の基地建設に反対して座り込んでいる高齢者に向けて「臭い」「じじい、ばばあ」などと罵りながら気勢を上げていたのは日本第一党の面々だった。もちろん、そのなかには瀬戸の姿もあった。

こうした〝運動〟から伝わってくるのは、差別や偏見、中傷を道具に「娯楽を生きる」だけの姿である。

＊　＊　＊

ネット出自のレイシストによる排外運動が目立つようになったのは今世紀初めごろからだ。当初は日本社会の一部に根強く残る差別意識をネットに書き込むといった陰湿なものだったが、在特会が結成されて以降、街頭に飛び出し、さらに露骨な差別扇動をおこなうようになった。ネットと街頭は、こうしたレイシスト集団にとっては、排外の道を走る車の両輪でもある。

彼ら彼女らは、これを「行動する保守運動」と称し、様々な事件を起こしてきた。

冒頭で記した宇都宮地裁での一件以降、私がレイシスト集団の活動にあらためて憤りを感じたのは、二〇〇九年四月。強制退去問題の当事者であるフィリピン人一家を「日本から追放せよ」と訴えるデモだった。このデモには多くの在特会メンバーが参加し、フィリピン人一家が生活する地域で行われた。デモ隊は一家の長女が通う中学校にも押し寄せ、わざわざ実名を挙げて、中傷、非難を繰り返した。女子中学生をも攻撃対象としたこのデモに私は嫌悪と怒りしか感じなかった。ちなみに、桜井誠と並んでデモ隊の先頭に立っていたのが、瀬戸と有門のふたりである。

同年一二月、さらに世間を騒がせた事件が京都で起きる。在特会などのメンバーが、京都朝鮮第一初級学校に押し掛け、「朝鮮学校をぶっ壊せ」「追い出せ」「キムチくさい」「スパイの子」などと叫びながら下劣な街宣をおこなった。

初級学校といえば、日本の学校でいうところの小学校である。またしても攻撃対象は「子ども」である。多人数で、絶対に勝てる相手にだけ攻撃を仕掛けてきたのも、こうした手合いの特徴だ。

さらに一〇年四月、やはり在特会メンバーなどが、徳島県教組の事務所を襲撃した。同教組が地元の朝鮮学校に「寄付をした」ことに対する抗議だった。これは子どもの貧困対策として取り組まれた募金を原資としたもので、法的にもまったく問題がない。にもかかわらず、メンバーらは「募金詐欺」「朝鮮の犬」などと大声でわめきたてながら事務所に乱入、女性事務員を恫喝するなどした。

京都と徳島の両事件では、当時、在特会幹部であった西村斉が逮捕された。西村もまた、生コン支部攻撃の隊列に加わっている。

このように、いま、労組潰しの先頭に立っているのは、いずれも差別・排外主義の道を歩んできた者たちばかりなのだ。

一八年八月一四日、川崎駅前（神奈川県）。日本第一党によるヘイト街宣がおこなわれたその場所に、瀬戸と西村の姿があった。

在日コリアン集住地域として知られる川崎市では、市民の「反差別」機運は高い。市議会でもレイシスト集団に対する公共施設の貸し出しに関してはガイドラインを設けるなど、不完全ながらもヘイトスピーチ解消法に基づいた施策を進めている。

そうしたこともあってか、川崎を狙い撃ちするかのようなヘイト街宣、集会が繰り返しおこなわれているのだ。同日の街宣も、川崎における市民ぐるみの「反ヘイト」に対する挑戦でもあった。

数百人の市民が「ヘイトをやめろ」と抗議の声をあげるなか、レイシスト集団は「言論の自由を守れ」「人権の尊重」と大書された横断幕を掲げた。

なんというご都合主義なメッセージだろうか。マイノリティの存在そのものを否定し、恫喝し、沈黙を強いてきたのは誰なのか。基本的人権を無視し、マイノリティに「隅のほうを歩いとけ」「死ね」「殺せ」などと叫びながら下劣なデモを繰り返してきたのは誰なのか。

結局、レイシスト集団は、「言論の自由」「人権」といった叡知に逃げ込んだうえで、他者を攻撃することしかできないのだ。

そもそも――ハーケンクロイツの旗を掲げてきた者たちが口にする「自由」や「人権」など、胸に響くわけがない。不寛容に対して寛容で応えろと言わんばかりの主張には何一つ説得力などないのだ。

案の定、抗議する市民に取り囲まれたレイシスト集団は悔し紛れに別の横断幕を掲げた。

〈暴れるな朝鮮人〉

そう、結局、それを言いたいだけなのだ。在日コリアンがあたかも暴力的であるかのようなデマを飛ばし、差別を扇動し、警察に守られながらヘイトスピーチすることじたいが目的なのである。彼らが守りたいのは「ヘイトの自由」と「自分たちのためだけに存在する人権」でしかない。

＊　＊　＊

いま、社会の一部を覆っているのは、まさに差別の〝気分〟である。差別者の矛先は外国籍住民に限らない。障がい者、生活保護利用者、女性、性的少数者、沖縄、そして労働運動――。

敵を発見し、敵を吊るす。そうした回路に飲み込まれる者は少なくない。

しょせんがネットで流布される安っぽい陰謀論に基づいたものだからと突き放すことができないのは、それがときに現実の政治権力と一体化し、確実に被害者を生み続け、さらには社会に分裂と亀裂を持ち込むからである。

実際、レイシスト集団にはそれなりの〝実績〟がある。

ヘイトに抗う在日コリアンは、日々、罵倒や罵声、脅迫や恫喝を受けている。

戦争責任や慰安婦問題について取材しただけで、記者はネットで中傷され、その家族までもが脅迫された。

朝鮮学校の無償化除外に異を唱える弁護士や、労働運動を担当する弁護士には、大量の懲戒請求が届けられた。

沖縄の基地問題等に言及する研究者には「科研費の無駄遣い」といった批判が押し寄せる。

政府批判をした女性地方議員に、下着が着払いで送り付けられるといった事例も、私は最近、取材したばかりだ。

素性が明らかではない〝ネトウヨ〟だけが、ハネているわけではない。国会議員が、人気作家が、そしてメディアの一部がそこに加担する。

私たちは憎悪の時代を生きている。デマとフェイクに満ちた風景の中にいる。差別と偏見の波を浴び続ける。

だからこそ、何度でも訴えたい。

社会を壊すな。人を壊すな。これ以上、地域を汚すな。レイシストに加担するな。養分を与えるな。

息苦しい時代だからこそ、「奴らを通すな！」と声を張り上げたい。レイシスト集団にこれ以上の成功体験を与えてはならない。


（敬称は略させていただきました。）

安田浩一（やすだ・こういち）
雑誌記者など経てノンフィクションライターに。『ネットと愛国』（講談社）で講談社ノンフィクション賞。『ヘイトスピーチ』（文春新書）ほか著書多数。近著『「右翼」の戦後史』（講談社現代新書）

大阪広域協組四人組が主導する不当労働行為と組合潰し攻撃の実態

弁護士　里見和夫

1　二〇一七年一二月のストライキの目的

関生支部は、二〇一七年一二月一二日から生コンおよびバラセメントの各輸送運賃の引き上げ等を求めるストライキを実行した。

関生支部は、二〇一五年には大阪広域協組をはじめとする三協組や協同組合非加入者（アウト社）が大同団結して大阪広域協組に一本化することに多大の貢献をした。その結果、生コンの価格は値上げに成功したが、生コン輸送やバラセメント輸送を担う下請業者に対する輸送運賃については、大阪広域協組は、生コン価格の上昇により十分な収益を得ており、かつ、過去に何度も輸送運賃の引き上げを約束していたにもかかわらず、その約束を履行してこなかったため、輸送を担う下請業者は、激しい受注競争や不当に低い単価での取引を余儀なくされ、そこで働く労働者は、賃上げが実行されず、労働環境等が改善されないなど不安定な状態での就労を強いられていた。

二〇一七年一二月のストライキは、輸送業者および労働者が置かれている前記の状況の改善を求めるためのきわめて正当な目的を有するものであった。

2 大阪広域協組による関生支部敵視の対応

関生支部による前記ストライキに対し、大阪広域協組執行部は、同年一二月一九日の理事会で、

①当該ストライキは、威力業務妨害の犯罪行為であること

②今回のストライキ（威力業務妨害）および過去の犯罪行為に関して、大阪府警本部・兵庫県警本部等の捜査に全面的に協力し、関生支部執行委員長の責任を追及すること

③今回のストライキに協力、同調したと思われる輸送会社および生コン会社については、大阪広域協組執行部において調査し、結果次第で損害賠償を含めた厳格な処分を検討すること

④前記の対策費として一〇億円を計上すること

などの方策を打ち出した。

次に、大阪広域協組は、二〇一八年一月二三日の理事会において、加盟会社に対し、関生支部（連帯労組）との接触・面談を禁止することを決定し、同日付け「連帯労組との接触・面談の禁止」と題する書面を発出した。同書面には、「連帯労組との個別の接触・面談は厳に控えるべきこと」、「決議の趣旨に反した場合には、厳正な対処を行うこと」と記載されていた。

また、同日の大阪広域協組の理事会では、同協組が「連帯系企業」と決めつけるバラセメントや生コンの輸送会社と取引をしている同協組加盟会社に対しては、生コンの出荷割当をしないことも決定された。

連帯系企業とは、関生支部組合員を雇用している企業など、関生支部となんらかの接点がある企業のことを指している。

さらに大阪広域協組は、同年二月六日、当面の間、同協組が「連帯系」と決めつける輸送会社との取引を極力差

し控え、最終的には当該輸送会社との契約を打ち切るよう加盟会社に求めることを決定した。

大阪広域協組による同協組加盟の生コン会社に対する生コンの出荷割当の停止等の威嚇は、加盟会社を震えあがらせ、以後関生支部組合員を雇用している輸送会社との間の継続的輸送契約を打ち切ろうとする加盟会社が続出することになった。

また、大阪広域協組は、加盟会社の従業員に関生支部組合員がいる場合、不当労働行為になってもよいから当該従業員を解雇するよう加盟会社に強要し、係争になれば同協組の顧問弁護団を紹介すると働きかけている。

これらの大阪広域協組の行為は、それらが加盟各社に対する不当労働行為の強要になることは百も承知のうえで、関生支部と加盟会社とを離反させ、関生支部を組織的に弱体化させることを狙ったものである。具体的に見てみよう。

3　大阪広域協組による攻撃の具体的手口

◉生コンの出荷割当を停止し、会社を倒産に追い込もうとした

大阪広域協組は、前述した二〇一七年一二月一九日の理事会決定をふまえ、ただちに同協組加盟会社のうち関生支部等の労働組合との共存を是とする会社に対し、関生支部に所属する労働者の雇用や同支部に所属する従業員がいる輸送会社の利用を中止すること、関生支部との交渉窓口を持つ大阪兵庫生コン経営者会から脱退すること（二〇一七年一二月当時、大阪広域協組に加盟するとともに、経営者会にも加入していた生コン業者は多数いた）等を求め、これに従わない場合、当該加盟会社は同協組が行なう生コンの出荷割当等において不利益な取扱いをすることを示唆した。

さらに、大阪広域協組は、それらの会社に対し、関生支部執行委員長に対する厳正な処罰を求める嘆願書への署

名を求め、二〇一八年一月二三日までに署名に応じなければ、同様に不利益な取扱いをすることを示唆した。

二〇一八年一月一二日、大阪広域協組は、臨時総会を開催し、前述した「威力業務妨害・組織犯罪撲滅対策本部の設置」および「一〇億円の対策費の予算計上」の議案を可決した。

その直後から、大阪広域協組は、関生支部との交渉窓口を維持していた経営者会に所属する同協組加盟会社に対し、生コンの出荷割当をしない、あるいは、利益のきわめて低い小規模現場のみを割当てたり、またはまったく割当てないという、中小企業等協同組合法（以下「中協法」）の趣旨・目的および同協組の定款や諸規約等に反する差別的措置を執り始めた。

大阪広域協組の前記差別的措置により、著しい被害を被ったのが、経営者会の会員であり、従業員全員が関生支部組合員であるA社であった。

二〇一八年一月二二日、A社は、大阪広域協組の中協法の趣旨・目的に反する前記差別的措置の是正・指導を求めて、経済産業省に陳情に赴いた。同日、経産省には、同じく大阪広域協組が中協法の趣旨・目的、即ち、相互扶助の精神にもとづき中小企業の経営の安定をはかり、もって、中小企業で働く労働者の雇用環境の改善・充実を図るという趣旨・目的に反する違法不当な協組運営により労働者の労働条件が脅かされているので、同協組運営の是正・指導を求めて関生支部役員らが陳情に来ており、同趣旨の陳情であったことから、A社と関生支部は陳情の場で同席した。

しかし、その後も大阪広域協組は、A社への生コン出荷割当を大幅に減少させ続けたため、A社は、同年二月九日、大阪広域協組を相手取って、大阪地方裁判所に、生コンの公平な出荷割当等を受ける地位の確認および生コンの公平な出荷割当等を行ない、生コンをA社から買取ることを命じるよう求める仮処分命令申立をした。

そうすると、大阪広域協組は、前記経産省への陳情の場でA社が関生支部役員らと同席したことを捉えて、「協同組合の事業を妨げ、又は妨げようとした」として、A社を同協組から除名する議案を同年四月三日の臨時総会に提出・可決し、以後A社に対する生コンの出荷割当を完全に停止した。

このため、A社は、著しく困難な状況に追い込まれたが、同年六月二一日、大阪地方裁判所は、A社が申立てた仮処分事件につき、A社全面勝訴の仮処分決定を出した。同決定は、大阪広域協組がしたA社に対する除名処分が無効であることを確認し、同協組に対し、A社に生コンの公平な出荷割当等を行なうよう命じた。同決定により、大阪広域協組から差別的措置を受けている他の加盟会社も当面救済されることになったが、同協組執行部は二度でも三度でも除名処分をしてやるなどと広言しているから、同協組執行部による恐怖支配を終らせるためには、各方面からの支援が不可欠である。

◉輸送会社との輸送契約の一方的解除

関生支部と関係のある輸送業者のうちのB社は、多くの大阪広域協組加盟会社との間で輸送契約を締結していたところ、大阪広域協組による関生支部敵視政策のため、二〇一七年一二月のストライキの直後から加盟会社から輸送契約を一方的に打ち切られ始め、二〇一八年二月六日の同協組理事会が関生支部と関係のある輸送会社を極力使わないようにとの指示を出した後、次々と輸送契約の一方的打ち切りが続き、その数は七社に及んでいる。

加盟会社によるこれらの一方的打ち切りは、関生支部との関係を理由とするB社による不当労働行為に該当し、大阪広域協組は、当該不当労働行為をB社に強要した点で不法行為責任を負うとともに、独占禁止法が禁じている共同の取引拒絶に該当する。

B社で働く従業員が加入している関生支部は、大阪府労働委員会に救済申立を行なっており、現在、係争中である。また、同協組に加盟している七社によるB社に対する共同の取引拒絶は、今後公正取引委員会でも取り上げられるべきものである。

大阪広域協組に加盟しているC社は、同年二月一日以降、関生支部に所属する日々雇用労働者の供給を受け入れなくなったため、関生支部は同年二月上旬に団交申入をしたところ、C社は、当初は、同協組から関生支部との接触を禁じられているので、団交に応じることはできないと回答し、その後、団交に形式的には応じるものの、日々雇用労働者の受入れ拒否は、同協組の指示によると説明するにとどまっている。また、決定権のある代表者を団交に出席させなかった（不誠実団交）。C社の件は、現在、大阪府労働委員会で係争中である。

大阪広域協組に加盟しているD社は、二〇一八年三月一日以降、関生支部に所属する組合員である常用的日々雇用労働者に対し、配車メールを発信しなくなり、その結果、組合員らはいっさい就労できない状態となった。同日、関生支部は、D社に対し、二〇一八年度春闘要求事項について団交申入をしたが、D社の代理人は、同協組と関生支部との間の諸般の状況等から団交に応じることは難しいと回答した。D社の件は、現在、大阪府労働委員会で係争中である。

前記以外にも、関生支部組合員の継続的日々雇用就労契約、あるいは、関生支部と関係のある輸送会社と加盟会社との輸送契約がいずれも一方的に打ち切られたケースはきわめて多数で、そのことにより就労が危うくなっている労働者あるいは経営が危機に瀕している輸送会社の従業員らによる不当労働行為救済申立事件だけでも十数件に及んでいる。

4　憲法二八条が保障する団結権・団体交渉権を否定する大阪広域協組の行為

以上述べてきた大阪広域協組による加盟会社に対する差別的措置等を予告した恫喝および差別的措置等の実行は、加盟会社に違法行為を強要し、あるいは、それに従わない加盟会社や輸送会社の経営に危機を生じさせ、その結果、関生支部と加盟会社等を離反させ、あるいは、関生支部組合員の所属する加盟会社等の経営を危くさせて、関生支部およびその組合員の組織や生活を破壊することを目的とした悪質な違法行為である。

これまで見た大阪広域協組の各行為は、どれを取っても、生コンの出荷割当停止等の厳正な処罰と称する差別的措置をちらつかせつつ、加盟会社等に対して不当労働行為を行なうことを強要するものであり、関生支部が労働組合として有する憲法二八条によって保障されている団結権・団体交渉権の否定である。憲法二八条が保障する団結権は、労働者が労働条件の維持・改善を図ることを主たる目的として、一時的または継続的な団結体である労働組合を結成することを保障している。しかし、労働組合の結成を保障したとしても、自由な運営が保障されなければ団結権を保障する意義が失われることとなる。そのため、憲法二八条は、労働組合の結成権および運営権を保障すると解されている。

また、憲法二八条が保障する団体交渉権は、団体交渉による労働条件の対等な決定を保障するものであり、労働三権の中で最もっとも重要な権利と解されている。

したがって、故意または過失により労働組合の自由な運営や団体交渉の実施を阻害するような行為に及んだ者は、組合の団結権ないし団体交渉権を侵害したことにつき不法行為責任を負う。

大阪広域協組らは、明白な故意をもって、関生支部の団結権、団体交渉権を否定・破壊するため、関生支部との関係のある生コン業者を兵糧攻めにして、関生支部の影響力を生コン業者から排除することを目的として各行為を行なっているのである。

関生支部は、二〇一八年六月二二日、大阪地方裁判所に対し、大阪広域協組および同協組を牛耳っている理事長をはじめとする執行部四人組を被告として、違法行為（不法行為）差止めおよび損害賠償請求訴訟を提起した。

同訴訟の中で関生支部が主張している大阪広域協組の不法行為の内容は、次のとおりである。

①大阪広域協組が、二〇一八年一月二三日に、すべての加盟会社に対して「連帯労組と接触・面談の禁止」と題する通知を配布したこと。
②大阪広域協が、同年二月初旬頃から、「連帯系」と決めつけた加盟会社や、「連帯系」と決めつけた輸送会社と取引を行なう加盟会社に対する生コンの割当量を大幅に減少させたり、まったく割当を行なわなくなったりしたこと。
③大阪広域協組が、同年四月三日、「連帯系」と決めつけたA社を除名したこと。
④大阪広域協組が、同年二月初旬頃から、加盟会社に対して、関生支部の組合員を雇い入れないよう要請していること。
なお、A社の従業員も同じく大阪広域協組らを被告として損害賠償請求訴訟を提起している。

5　加盟会社や関生支部による反撃と警察権力による弾圧

前述したA社が二〇一八年六月二一日に勝ち取った仮処分決定、同月二二日付けの関生支部およびA社従業員らによる大阪広域協組らに対する訴訟提起、同年七月三日には、大阪広域協組らが、二〇一七年一二月一二日からのストライキについて、関生支部を債務者として申立てていた営業妨害禁止仮処分命令申立事件を取下げたこと（大阪広域協組らの申立が却下されると考えたのであろう）などが続いた直後である二〇一八年七月一八日から、警察権力による関生支部やそれと連携していた滋賀県の協同組合の役員に対する大刑事弾圧が開始されたことは、小谷野毅氏の論稿のとおりである（後掲一四頁）。

また、一連の刑事弾圧における警察・検察による不当労働行為的言動については永嶋靖久弁護士の論稿に詳しく記載されている（後掲一三五頁）。

これらは、大阪広域協組と警察・検察権力が結託した関生支部潰しの策動であるが、裁判所も同罪である。捜索差押状・逮捕状・拘留状の乱発は言うに及ばず、刑事裁判の審理においても、裁判官の不当労働行為的体質が見え隠れしている。滋賀県の湖東協組事件で逮捕・起訴された事業者の一人に対する被告人質問において、裁判官は、被告人に対し、今後、関生支部とはいっさい接触しないことの誓約を執拗に求め、そのことを誓約する旨被告人に供述させた後、執行猶予付きの判決を言渡した。

まさに国家権力挙げての不当労働行為・関生支部潰しであると言わねばならない。

今回の事件は、資本と権力が結託した過去に類を見ない大弾圧であることを正確に認識していただき、これを許したのでは、次は、他の団体・個人への攻撃として現実化してくると捉え、各方面の力を結集した闘いにつなげていくことが必要であろう。

里見和夫（さとみ・かずお）

一九七七年弁護士登録。労働事件、小西反軍裁判、伊方原発訴訟、薬害スモン訴訟、大和川病院事件などにとくむ。認定NPO法人大阪精神医療人権センター理事。

関生支部への刑事弾圧——その経過と特徴

弁護士　永嶋靖久

はじめに

関生支部に現在かけられている弾圧は、一時的、偶発的なものではない。今という時代に関生支部という労働組合の組織と運動そのものにかけられた攻撃だ。だから、この弾圧は、関生支部の運動の歴史の中で考えなければ、その意味が見えない。また、関生支部の運動が日本の労働運動の中でどのような位置にあるのか、そのことを考えないと、この弾圧が日本の労働運動にどういう意味を持つことになるのか、それも見えない。さらに、広く社会運動全般に対する弾圧の変容という観点からも分析が必要だろう。

それらのことを考える一助とするため、今、資本と権力によって関生支部に対してかけられている攻撃のうち、刑事弾圧をめぐる経過とその特徴を報告する。

1　最初の逮捕者が出るまで

生コンはセメントを主な原材料として、生コン工場（以下、生コンプラント）で水や砂利・砂などとともに攪拌して製造され、生コン輸送車（以下、生コンミキサー車）で攪拌しながら運転手によって工事現場に運ばれる。生コン産業の黎明期には、セメント製造から生コン製造・輸送までが一つの企業体によって行なわれていたこともあったが、今や、日本で数社のセメントメーカー（独占資本）のもとに、生コン製造だけ、生コン輸送だけを行なう中小零細企業が乱立し、さらに、生コンミキサー車の運転手の多数は正規労働者ではなく、日々雇用の労働者として就労している。

生コンミキサー車の運転手を中心に関西地区の生コン産業で働く労働者で組織される関生支部は、このような産業構造と労使関係のなかで、集団交渉方式による交渉（企業ごと・労組ごとの団体交渉でなく、企業横断的な産業別労働協約締結をめざした、多数企業と複数労組との集団的交渉）、背景資本であるセメントメーカーの追及（使用者概念の拡大）、セメントメーカーやゼネコンに対抗するために、生コン製造企業、生コン輸送企業を地域ごとに事業協同組合に組織することなどを通して、生コン産業で働く労働者全体の労働条件の改善を勝ち取ってきた。

ところが、大阪広域生コンクリート協同組合（以下、大阪広域協組）は関生支部などいくつもの労働組合の協力を得て大阪府下で生コンプラント全体の一〇〇％近くの加入を達成するや、これら労働組合との正社員比率や輸送運賃の引き上げという合意を履行せず、二〇一七年一二月の関生支部と全港湾大阪支部のストライキを契機として、関西地区の生コン産業において産業別労働運動を中心的に担ってきた関生支部つぶしに動き出した。このことは小谷野報告（前掲一四頁以下）にあるとおりである。

また、大阪広域協組が、二〇一八年一月二三日、「連帯労組と接触・面談の禁止」（大阪広域協組がいう「連帯労組」とは全日建連帯関生支部およびその上部団体である全日建連帯近畿地本を指している）と題する通知を発して、関生支部の労組法上の使用者である個別の企業に不当労働行為を命じ、この禁止に違反した場合には、厳正な対処を行なうことを宣言して以後、大阪府下全域で一斉に関生支部に対する不当労働行為が開始され、正規労働者や日々雇用労働者の就労の機会が膨大に奪われた経緯は里見報告（前掲一二六頁以下）にあるとおりである。

さらに、大阪広域協組は、関生支部組合員を排除しないことを理由に恣意的に「連帯系」と決めつけた企業に対しても、生コン製造の割当を停止するなどした。このような企業が大阪広域協組を相手取って申し立てた仮処分裁判で二〇一八年六月二一日大阪広域協組敗訴の決定が出された。

そして、翌七月一八日、「関生支部と提携関係にある湖東生コン協同組合（以下、湖東協組）」（起訴状の表現）の理事である経営者など事業者四名が滋賀県警によって逮捕された。大阪広域協組による不当労働行為攻撃に呼応した、警察による未曾有の大弾圧がここから始まる。

2　関生支部への刑事弾圧の経過

(1) 逮捕・勾留・起訴の経過

小谷野別表（前掲六五頁）のとおりである。滋賀県警に逮捕された組合員らは、長浜、米原、彦根、近江八幡、守山、草津、大津など、滋賀県全域の各署に分散留置されている。

通常であれば同時に逮捕・起訴される共犯関係の複数被疑者を何次にも分割して逮捕する、起訴時に追起訴予定としながらいつまでも再逮捕せず、ダラダラと間を開けて再逮捕する、同一日時の同一人物による近接した現場での「威力業務妨害」行為を別事件として別々に逮捕（再逮捕）するなど、意図して身体拘束を長期化させている。

また、逮捕現場には警察が現れると同時に、一部のテレビ局やもっぱら関生支部攻撃の投稿をネットに流す人物が現れてビデオ撮影し、あるいは大津協組事件では一部の新聞が逮捕の日の朝刊に「逮捕へ」と報じるなど、警察は報道を操作している。

(2) 家宅捜索・押収

家宅捜索は経営側関係者に対するものも含めれば、一〇〇回近いと見られる。関生支部の組織の運営と活動に関わるありとあらゆる資料が押収されている。関生支部の綱領・規約集、さまざまな会議の記録、さらには黙秘権などの意義を説明した弁護士作成の反弾圧学習会のレジュメや「大阪府警による不当弾圧糾弾」と書かれたプラカードまで押収されている。

また、最近、警察が被害届を出すように求めても応じない企業や警察に抗議活動中の街宣車に対して家宅捜索が行なわれ、前者からは企業の経営に関する資料が、後者からは抗議原稿や抗議活動を録画するためのビデオカメラなどが押収されている。

3 被疑事実・公訴事実の内容

(1) 湖東協組事件

恐喝未遂として二〇一八年七月から八月にかけて、滋賀県内で三次に分けて逮捕起訴された事件の公訴事実は、要旨、大手ゼネコンが滋賀県内で施工する工事に関して使用される生コンについて、組合員と湖東協組の理事らが、生コン供給契約のゼネコン側の担当者を脅迫して湖東協組の生コンを使用させようと共謀し、二〇一七年三月頃、協組理事らが担当者に「大変なことになりますよ。」などと申し向けるなどし、同月頃から七月頃にかけて、組合員らが滋賀県の工事現場で現場所長などに対し「カラーコーンが道路使用許可なしで置かれている。」などと軽微な不備に因縁をつけ、その対応を余儀なくさせてその間業務を中断させる嫌がらせを繰り返し、あるいは大阪市内のゼネコン前路上等で、「現場汚泥が道路に散乱している！」などと同社の信用を害する内容のビラを頒布し、これら一連の行為により、湖東協組の生コンを使用する契約を締結しなければ、今後も前記工事現場における工事等を繰り返し妨害するとともに、ゼネコンの信用を害する旨気勢を示して脅迫したが、未遂に終わったというものである。

関生支部組合員四名（委員長、副委員長、執行委員長二名）と事業者五名が起訴されたが、脅迫を認めているのは事業者一名だけである。組合員四名は保釈請求が却下され現在も拘留中である。建設現場での法令違反を指摘し、あるいはゼネコン周辺でのビラまきを行なった労働組合員は現時点では逮捕されていない。

(2) 津協組事件

威力業務妨害として二〇一八年一一月二七日に逮捕され、一二月一八日に起訴された組合員らに対する公訴事実は、要旨、組合員らが大津生コン協組の幹事長らと共謀して、大手住宅メーカーの業務を妨害しようと企て、二〇一七年二月二五日、住宅工事現場で組合員三名が工事課長などに「道路使用許可は取ってますか。」、「ガードマンは。コーンは。」、「ガードマンがいなければ、許可どおりしていない。」、「許可どおり作業していないから、すぐに作業を中止して車どけて。」、「流れた水を調べたら強アルカリ性がでました。」などと申し向けて軽微な不備の指摘を繰り返し、業務を中断させ、さらに、同年三月三日にも別の住宅工事現場で、組合員三名が現場監督者らに対し、「現場前側溝に生コン汚水を垂れ流し！！」などと記載したビラを示したうえ、「××さんの現場で、道路を汚しているとか、生コンの工事で出た汚水を流しているという実態があります。」、「これについてどう考えておられますか。」、「どのように指導されているんですか。」などと語気鋭く申し向けて軽微な不備を指摘して、業務を中断させて、もって威力を用いて業務を妨害した、というものである。

便宜上「大津協組事件」と呼んでいるが、この事件では、湖東協組事件とは違って協組理事は逮捕されておらず、恐喝罪としての立件ではない。建設現場で法令違反を指摘し、あるいはこれを共謀したという労働組合員七名と協組幹事長一名を逮捕し、威力業務妨害罪として立件している。大津協組が警察への全面協力を明らかにしているかもしれない。

（3）宇部三菱・中央大阪事件

威力業務妨害として二〇一八年九月一八日に逮捕され、一〇月九日に起訴された組合員に対する公訴事実は、要旨、他の関生支部組合員らと共謀のうえ、セメント輸送会社の輸送業務を妨害しようと考え、二〇一七年一二月一二日、一三日に、大阪市港区の宇部三菱セメントサービスステーション（セメント出荷基地、以下ＳＳ）付近で、セメント運搬車の前面に立ちはだかるなどして同車がＳＳに入出場することを阻止し、もって威力を用いて業務を妨害したというものである。

九月一八日に逮捕され一〇月九日に再逮捕され一〇月三〇日に起訴された組合員に対する公訴事実は、前記に加えて、生コン製造会社中央大阪生コンの生コン出荷業務を妨害しようと考え、二〇一七年一二月一二日、前記港区のＳＳ付近での業務妨害と近接した時間と近接した場所で、大阪市西成区の同社生コン工場付近で入り口付近に立ちはだかるなどして生コン輸送車が生コン工場に入出場することを阻止し、もって威力を用いて業務を妨害したというものである。

一〇月九日に起訴された者、一〇月三〇日に起訴された者は、いずれも現場行動の参加者であった。全員黙秘のまま起訴後ただちに保釈された。

一一月二一日に逮捕され、一二月一二日に起訴された組合員に対する公訴事実は、他の組合員らとの共謀による前記のＳＳと中央大阪生コンでの威力業務妨害である。これらの者はいずれも現場行動に参加していない。全員保釈請求が却下され拘留中である。

なお、九月一八日の逮捕者中三名は、逮捕時には威力業務妨害に加えて強要未遂が被疑事実にあったが、起訴時には威力業務妨害だけの起訴となった。この強要未遂の内容は、ストライキに先立って輸送業者に「ストライキに入るのでストライキに賛同して稼働しないで欲しいんです。」などと申し入れたというものであった。

(4) 弾圧への備えが必要な事件

大阪府警・京都府警・滋賀県警は現在も任意、強制の捜査を続けている。

二〇一八年一二月二六日に開かれた湖東協組事件公判で、検察官は組合員である被告人らについて、二〇一九年二月か三月に追起訴を予定していると述べて裁判官を唖然とさせた。裁判所は保釈を認めず接見を禁止したまま、検察官は三ヵ月おきに再逮捕・追起訴しようというのだ。そして、滋賀県警は逮捕した組合員に対し、関生支部が多数の工事現場で行なっている法令違反を指摘するコンプライアンス啓蒙活動について、今後、各現場ごとに立件する可能性があると告げている。

京都府警が行なっている強制捜査には次のようなものがある。労働者がその子を保育所に入所させるためには、行政に就労証明書を提出しなければならないが、ある組合員が関生支部に加入した途端、会社はそれまで毎年交付していたこの証明書を交付しなくなった。理由は、「雇用契約ではない。請負契約だ。」、「会社をもう廃業する。」というものであった。証明書の提出期限が迫り困った当該組合員の相談を受けた仲間の組合員が、会社に証明書を発行して欲しいと申し入れた。京都府警は、これが強要未遂に当たるとして、二〇一八年八月に当該組合員の自宅などに家宅捜索を行ない、現在も繰り返し当該組合員を任意で呼出している。

また、京都府警や滋賀県警は、関生支部が使用者と締結した多くの労働協約について、使用者が要求に応じたのは本心ではなく、関生支部が恐ろしかったからイヤイヤ要求に従っていたとして、恐喝、強要に作り上げようとしている。

なお、前記の滋賀や大阪の事件では多数の企業関係者が証人となっているが、これら証人のいる企業に団交を求めること自体が証人威迫にあたるとか、経営者の自宅周辺における宣伝行動は迷惑防止条例でいつでも逮捕できるなどと、捜査官が暗にあるいは明確に組合員に告げている。

4　捜査の特徴

（1）捜査の主体

大阪府警で捜査を担当しているのは従来の関生支部に対する弾圧と同様、警備部である。これに対して、滋賀県警や京都府警では刑事部組織犯罪対策課が捜査を担当している。滋賀県警では組対課あげて半年以上、関生支部に対する捜査にかかりきりだという。

（2）事件の要は共謀

湖東協組事件でも宇部三菱・中央大阪事件でも勾留理由開示公判で、裁判官は罪証隠滅の対象は共謀の構造、罪証隠滅の方法は共犯者・関係者との通謀という趣旨を明確に述べた。また、宇部三菱・中央大阪事件では、現場の行為について、会社側が記録した大量の録音録画がある。現場行動参加者については録画されている行為をどう評価するかということだけが問題だが、現場行動に参加していない組合役員は、これら現場行動参加者との共謀が問題になる。共謀の立証が争点である。宇部三菱・中央大阪事件は、現場行動への参加の有無で保釈の可否が分かれた。これについて、裁判官は、証拠構造が違うからと説明している。

ちなみに、いずれの事件も共謀者中に犯罪の実行行為を行なった者がいるとされているから、共謀だけに止まった者は共謀共同正犯ということになる。しかし、前記被疑事実や公訴事実に紹介したとおり、本件で「恐喝」「威力業務妨害」「強要」の実行行為にあたるとされる行為はそれだけではどれも、一見犯罪だと評価できる行為ではない。すなわち、何が犯罪の実行行為かが曖昧になるなかで、実行共同正犯も共謀共同正犯も、実質的には「共謀」、しかもきわめて曖昧な「共謀」を犯罪として処罰しようとするものとなっている。

(3) 証拠の収集

逮捕された労働組合員が黙秘することは警察も想定している。現に逮捕勾留された組合員は調書を取らせていない。そのため警察は、まず事業者側を逮捕して、自白調書をとる。関係者の電話履歴や、メール、ラインチャットを大量に集めるとともに、現・元の組合員を片っ端から呼出し共謀を立証しようとしている。今回の弾圧では、スマートフォンの押収が大きな意味を持つことが明らかとなった。

スマートフォンの証拠としての意義は、電話・メール・SNSなどによる通信状況を探ること、録音を利用すること、スケジュール管理情報をとることなどである。

家宅捜索に入った時に、スマートフォンが所有者の手もとになければその番号に架電して呼び出し音を鳴らすことも行なわれている。弱いパスワードは簡単に破られるし、デリートしたデータも復元されている。

5 犯罪と呼ばれる行為の実際

(1) 湖東協組・大津協組事件

関生支部が、建設工事現場でコンプライアンス啓蒙活動を行ない、その対象となった業者から業務妨害禁止等仮処分を申し立てられた星山建設事件（大阪高決平二七・五・一四労働法律旬報一八五二号六二頁）では地裁でも高裁でも、対象業者の申立は却下された。

同事件の地裁決定は、コンプライアンス啓蒙活動の目的が対象業者とは別の業者との交渉であり、啓蒙活動は六八回にわたり、かつ関生支部が対象業者の工事現場周辺で街宣活動をしていると認定したうえで、「組合員らによる工事関係者の呼び出し等の行為態様自体は、社会通念上相当と認められる範囲を超えているとまではいえず、多くの場合、債務者の組合員らが指摘した違法行為は実際に存在しており、是正を要請した違法行為の中には、建設工事現場の労働者の安全に関わるものもあった。以上に加えて、現場監督の業務内容も考慮すると……組合員らの工事関係者の呼び出し等をもって、債権者の営業権を侵害する違法なものとまではいえない。」として、業務妨害禁止等の仮処分申立を却下した。

その他、関生支部組合員によるコンプライアンス啓蒙活動に対して、業務妨害禁止の仮処分が申し立てられた例が大阪地方裁判所で二例あるが、債権者が本件類似の行為の差止めを求めることを放棄する和解や、本件類似の行為の差止めにつき申立を取り下げて終わっている。

星山建設事件では、関生支部組合員の行為が工事現場の違法行為等を指摘して是正させる社会的相当行為とされた。湖東協組事件・大津協組事件における関生支部組合員らの行為も、当然、社会的相当行為と評価されるべきである。刑罰の謙抑性の観点からすれば、民事事件において社会的相当行為とされる行為を犯罪と評価すべきではない。

ちなみに、前記湖東協組事件公判で検察側証人である「現場監督」（同証人は工事現場における管理監督を行なうどのような資格も有していないと自ら証言した）は、組合員が工事現場で指摘し、現に確認された法令違反には次のようなものがあると証言した。工事現場に出入りする車両の車検ステッカーの表示がない（道路運送車両法六六条違反。五〇万円以下の罰金）、同じく最大積載量の表示がない（道路交通法六二条違反。三月以下の懲役または五万円以下の罰金)、同じくリアバンパーを外している(前同違反)、前輪のタイヤの溝がない(前同違反)、クレーン付き車両でアウトリガー(車体横に張り出して車体を安定させる装置)を最大限張り出さずに使用した(クレーン等安全規則七〇条の五違反)などである。多くは、組合員の通報により駆け付けた警察官からも指導を受けてその場で是正された。

警察や検察が「軽微な不備に因縁をつけ」と表現する行為の内実は以上のとおりであり、これらの事実は起訴状やマスコミ報道から意図的に隠されている。

(2)宇部三菱・中央大阪事件

現場行動に参加した組合員は一九名が逮捕されたが一一名が不起訴となり、起訴された八名も起訴後ただちに保釈された。この経過自体が、威力業務妨害とされた事件の実情を物語っている。

この事件の勾留理由開示公判で、裁判官は労組法一条二項の適用について検討していないと答えた。

勾留状記載の被疑事実の要旨の冒頭には、すべて被疑者の関生支部における役職等が記載され、被疑者の組合員としての活動が犯罪を構成するとしている。それにもかかわらず、勾留を命じた裁判官は労働組合法一条二項の適用について検討していない。労働組合の行動の違法をいうなら労組法一条二項の適用の是非が検討されねばならないということを知らない裁判官が勾留決定を下している。

6 弾圧の狙い

一連の弾圧は、大資本に対抗する中小企業の協同組合運動への弾圧、建設現場における労働組合のコンプライアンス啓蒙活動への弾圧、大阪サミットの先行弾圧などさまざまな意味があるが、本質は企業の枠を超えた産業別労働運動への弾圧である。

取調にあたる検察官や警察官は口々に、組合員に対し「関生支部を削っていく。」、「黙秘していても起訴する。」、「労働組合は企業の外で活動してはいけない。」、「関生はやりすぎた。」、「関生をやめる気はないのか。」、「(関生支部以外の組合の名前を挙げて) 関生をやめて組合を変わったらどうか。」などと「強要」している。弾圧の意図は明らかである。

さらに、大阪地域で大阪広域協組が各企業に命じている不当労働行為を、大阪地域以外では警察が各企業に求めている可能性がある。

資本と権力は、団結して雇用や労働条件を勝ち取ろうとする労働運動、団結して資本や権力の専横と闘おうとする社会運動を、威力業務妨害、強要、恐喝だと弾圧している。日本の労働運動と社会運動の画期というべき重大な攻撃だ。関生支部に対する弾圧はそのようなものとして捉えられなければならない。

永嶋靖久(ながしま・やすひさ)

一九八九年枚方法律事務所開設。労働事件(関生支部をはじめとする労働組合や労災事件など)、在韓被爆者訴訟や扇町公園住民票訴訟などにとりくむ。

[編著者紹介]

連帯ユニオン（正式名称：全日本建設運輸連帯労働組合）
http://tu-rentai.org/

小谷野 毅（こやの・たけし）
全日本建設運輸連帯労働組合書記長

葛西映子（かさい・えいこ）
漫画家。「ヘイトスピーチって知ってる?」など
https://norikoenet.jp/hatespeech/do_you_know_hatespeech/

安田浩一（やすだ・こういち）
雑誌記者など経てノンフィクションライターに。『ネットと愛国』（講談社）で講談社ノンフィクション賞。『ヘイトスピーチ』（文春新書）ほか著書多数。近著『「右翼」の戦後史』（講談社現代新書）。

里見和夫（さとみ・かずお）
1977 年弁護士登録。労働事件、小西反軍裁判、伊方原発訴訟、薬害スモン訴訟、大和川病院事件などにとくむ。認定 NPO 法人大阪精神医療人権センター理事。

永嶋靖久（ながしま・やすひさ）
1989 年枚方法律事務所開設。労働事件（関生支部をはじめとする労働組合や労災事件など）、在韓被爆者訴訟や扇町公園住民票訴訟などにとりくむ。

ストライキしたら逮捕されまくったけどそれってどうなの？（労働組合なのに…）

2019年1月30日 初版第1刷発行

編者――――連帯ユニオン

著者――――小谷野毅・葛西映子・
安田浩一・里見和夫・永嶋靖久

発行者――――木内洋育

発行所――――株式会社旬報社
〒162-0041
東京都新宿区早稲田鶴巻町544
電話 03-5579-8973
FAX 03-5579-8975
ホームページ http://www.junposha.com/

装丁・DTP aTELIa
印刷・製本 中央精版印刷株式会社

ISBN978-4-8451-1561-7